ANNE FRANK REMEMBERED

回忆安妮

〔奥〕梅普·吉斯　〔美〕艾莉森·莱斯利·戈尔德　著

颜达人　译

百花洲文艺出版社
BAIHUAZHOU LITERATURE AND ART PRESS

图书在版编目（CIP）数据

回忆安妮／（奥）吉斯，（美）戈尔德著；颜达人译.
—南昌：百花洲文艺出版社，2015.6
（胜利译丛）
ISBN 978-7-5500-1415-2

Ⅰ.①回… Ⅱ.①吉… ②戈… ③颜… Ⅲ.①回忆录-奥地利-现代
②回忆录-美国-现代 Ⅳ.① I521.55 ② I712.55

中国版本图书馆 CIP 数据核字（2015）第 123427 号
江西省版权局著作权合同登记号：14-2015-158

回忆安妮
〔奥〕梅普·吉斯　〔美〕艾莉森·莱斯利·戈尔德　著
颜达人　译

出 版 人	姚雪雪	
责任编辑	童子乐　魏　祎	
特约策划	欧雪勤	
封面设计	汪佳诗	
出版发行	百花洲文艺出版社	
社　　址	南昌市红谷滩新区世贸路 898 号博能中心 A 座 9 楼	
邮　　编	330038	
经　　销	全国新华书店	
印　　刷	山东德州新华印务有限责任公司	
开　　本	890mm×1240mm　1/32	
印　　张	7.5	
版　　次	2015 年 9 月第 1 版第 1 次印刷	
字　　数	197 千字	
书　　号	ISBN 978-7-5500-1415-2	
定　　价	30.00 元	

赣版权登字：05-2015-253
版权所有，侵权必究

网址　http://www.bhzwy.com
图书若有印装错误，影响阅读，可向承印厂联系调换。

一九四四年五月八日，星期一，
看来我们从未离开过梅普的脑海……

——安妮·弗兰克

目　录

写在前面

　　我绝对不是一个英雄，我只是不计其数的善良的荷兰人中微不足道的一员。在那个黑暗恐怖的年代，他们所做的远胜于我。那个年代过去了，但对于我们这些见证者来说，关于那个年代的记忆，犹如昨日一般。那些曾经发生过的事，每天都在我们的脑海中萦绕。

　　在那段战争岁月里，有超过两万名荷兰人帮助掩藏了犹太人和其他需要在纳粹面前隐藏起来的人们。我当时很乐意尽我所能地提供了帮助，我的丈夫也是如此，但我们觉得这并不够。

　　我是一个普通人，从不想将自己放诸众人的注目之下。我只是应他人的请求，做我认为应该做的事。人们劝我来讲述我的故事，但我觉得在此之前，有必要想一想安妮在历史中的位置；要想想那千千万万被安妮的故事所打动的人们；也要想到在每一个夜晚，在夕阳落幕之际，"安妮的故事"正在世界的某个舞台上拉开帷幕。我更要想一想安妮的书——《密室》（英译本叫作《安妮·弗兰克：一个少女的日记》）已被不断加印，她的故事被翻译成多国语言，她的声音业已传到地极。

　　我的伙伴艾莉森·莱斯利·戈尔德说，人们将会因我这悲怆的故事而有所触动。这个故事的其他亲历者都已离世，剩下的只有我和我的丈夫。所以，我只能凭我的记忆来写下这个故事了。

　　为了和《安妮日记》保持同样的风貌，我决定继续采用由安妮为其日记中的人物所设置的化名。这样的化名，我们可以在她的日记中找出长长的一串。她当时之所以这么做，显然是出于安全的考虑，以防她这段掩藏的经历在战后被公之于世，她有意隐藏了某些人的真实身份。就好比我，安妮在她的日记中并没有费神为我设置化名，我想是因为我的名字"梅普"是一个再普通不过的荷兰名字。而我的丈夫则不然，安妮将他真实的名字"詹"改为了"亨克"。此外，我们的姓氏也由"吉斯"改成了"范绍特恩"。

出于对个人隐私的尊重，《安妮日记》首次出版时，弗兰克先生决定，除了他们——弗兰克一家人外，其余日记中提及的人物都继续使用安妮为他们创造的名字。基于同样的理由，并为了使本书和《安妮日记》保持一致，除了用回我的真实姓氏"吉斯"外，我全盘接受了这些假名字，新涉及的人物也用上了化名。而这些人物的真实身份已详细地记录在荷兰政府的官方文档之中。

毕竟，我所讲述的故事已经过去五十多年了，对于某些细节的记忆已日渐模糊。我在书中努力地根据我的记忆去重构当年的一草一木。面对我脑海深处的细枝末节，我实在难以平静，看来时间并没有令我释怀。

在我看来，我的故事其实就是一个处于异常恐怖年代中的平凡百姓的故事。我想，全世界跟我们一样的普通人都会诚心祝祷，愿那样的日子永远不再来，永远。

梅普·吉斯

第一部　难　民

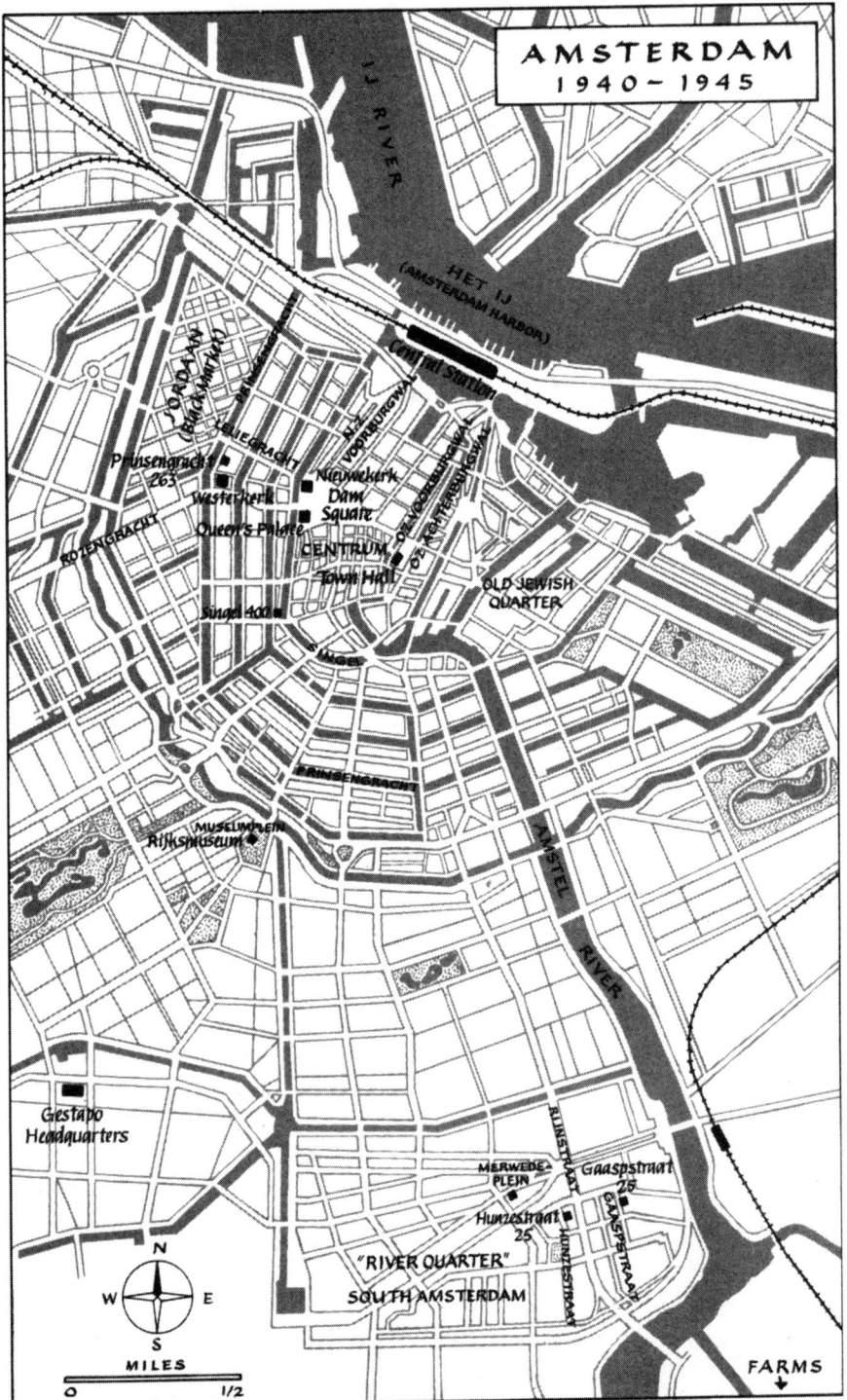

阿姆斯特丹地图

第一章

那是一九三三年，我和我的养父母——尼乌文赫伊斯夫妇一起住在哈斯普街二十五号，我和他们的女儿凯瑟琳娜共享一间小而温馨的阁楼。我们住的地方在南阿姆斯特丹称得上是片平静的区域，大家都管那儿叫"河区"。因为那里的街道都是根据那些流经荷兰的欧洲河流命名的，就像莱茵、马斯等。其中，阿姆斯特尔河正好从我们的院子旁经过。

我们这片住宅区，在二十世纪二十年代到三十年代初陆续建成。与附近其他私人承建的楼房不同，我们住的这些公寓是实业巨头们在政府信贷的帮助下为其员工建造的。那个时候我们都对此颇为自豪，因为我们只不过是基层员工，却享受着如此舒适的居住环境。房子有内置的管道设施，每一栋小楼的后花园里甚至移栽了大树。

其实，我们住的街区也不总是全然静谧。相反，空气中常常弥漫着孩童们顽皮的笑闹声。他们有的正在玩着游戏，还没有开始游戏的，就会吹起口哨呼唤楼上的小伙伴快来加入。在这里，小朋友之间对伙伴哨音的识别能力，绝对是个衡量他们友谊程度的重要标准。好伙伴能从楼下百十号人的口哨声中，辨别出他朋友的声音，接着欣然下楼。当然，孩子们总是成群结队的，他们不是流连在阿姆斯特尔公园泳池旁的花园里，就是说说唱唱地上下学。荷兰的孩子们，和他们的父母一样，很早就学会了朋友之间相处的关键——诚实，所以他们也很容易因为一些对彼此不忠的行为而闹翻。

　　跟这里的其他街道一样，哈斯普街的两旁都是些五层高的公寓楼，房子的大门一律朝马路开，门后就是屋内陡直的楼梯了。房子都是用深棕色的砖头砌成的，而且座座都有橙色的大斜坡屋顶。房子有前后窗子，木制的窗框被漆成白色。从外面透过玻璃，更能看见镶有各种花边的窗帘，每家每户的窗台上常年都摆放着各色花草。

　　我们楼的后院里种着好些榆树，穿过后院旁的小路，是块草地，草地对面就是那座教堂了。教堂的钟声总是准时撩起各种飞鸟，除了人们养在屋顶上的燕子、鸽子以外，当然也少不了海鸥。

　　我们生活的这块地方，贴着阿姆斯特尔河北岸，河上船只往来穿梭。再往北去就是宽阔的南阿姆斯特兰大街了，八路有轨电车就经过那里。路旁栽种的杨树排列得整整齐齐的。附近南阿姆斯特兰大街和斯海尔德街的交汇处，也算得上是个做买卖的地方，那里有杂货铺、咖啡馆、鲜花摊，新鲜的花儿就插在铁桶里。

　　但是此地，阿姆斯特丹，并非我的故乡。我于一九〇九年出生在奥地利的维也纳。在我五岁那年，第一次世界大战爆发了。我们小孩子根本无从知晓战争的爆发，直到有一天，军队在楼下列队行进（战争已兵临城下）。记得那天我很兴奋，甚至独自跑出门去一看究竟。街上满眼尽是军装、军械还有情绪激昂的人群。为了看得更加清楚，我甚至混进了行进的队伍和马匹中间。正当我伸长脖子看得出神时，一个消防员一把将我抱起，揽在怀里，就这样把我送回了家。

　　那时的维也纳，到处都是些破败的旧房子。这些房子围着中间的天井而建，再分成许多小套间，住的尽是些干活儿的人。我们一家就住在不透光的小套间里。那个消防员将我交给心急如焚的母亲后就走了。母亲随后郑重其事地对我说："外面兵荒马乱的，不安全，不准再出去。"

　　当时我并不明白个中原因，但还是照着母亲的话去做了。那段时间，人们好像都换了一种我不熟悉的方式去生活，那时我还太小，具体的情况现在都已记不太清楚了，只记得两个和我们同住的叔叔都被征去参战。

他们俩都活着回来了，其中一个叔叔不久后就结了婚。因为他们都没有再住回我们家，所以战争结束后，家里除了我以外，就只有父母和祖母了。

我当时绝对不是个健壮的孩子。非但如此，因为战时的食物短缺，我甚至逐渐变得营养不良、体弱多病。这样一来，虽说处在成长发育期，可看上去却日渐衰弱。我的双腿就像两根柴棍，膝盖骨显得更加突兀嶙峋，而且牙齿也不坚固。我十岁的时候，父母又有了一个女儿，从此一家人的食物就更少了。我的健康状况也越来越糟，有人劝我父母必须做些什么来挽救我的生命。

当时有外国的劳工组织设立了一个援助计划，以助养我们这些奥地利饥童。这项计划仿佛是为我而设立的，要救我脱离厄运。我将和其他奥地利的劳工子弟一起，被送往一个叫作荷兰的遥远国度。

一九二〇年十二月，维也纳的冬天一如往昔般苦寒，我父母将家里所有能御寒的东西都找了出来，裹在我身上。他们将我送到空旷的维也纳火车站。在那里，我们等了好几个小时，漫长而困倦。其间不断有孱弱的小孩加入等待的队伍。随后，医生们为我瘦弱的身子做了全面而仔细的检查。虽然我当时已经十一岁了，但看上去却比实际年龄小得多。我那头好看的金色长发，用一块打成蓬松蝴蝶结的大棉布扎在脑后。我的脖子被挂上了一块卡片，上面印了个陌生的名字，一个陌生人的名字。

那列火车满载着像我一样的孩子，大家脖子上都挂着名牌。突然，我看不到来送行的父母了，火车渐渐驶离了站台。所有的孩子都为将要到来的一切感到忧心忡忡，恐惧感包围了我们，一些孩子索性哭了起来。我们中的大多数人都不曾离开过自己居住的街区，更别说走出维也纳了。我太虚弱了，无力观看窗外的新鲜事物，火车有节奏的行进声倒成了我的催眠曲。我就这样一路睡睡醒醒，火车不断前行。

直到一个黑漆漆的深夜，火车到站了。我们被从睡梦中拍醒，并带下了车。一块站牌竖在还冒着蒸汽的火车旁——莱登。

人们用当地的语言向我们说着什么，带我们来到一间像大仓库般的屋子里。所有的孩子都肩并肩地坐在硬木长椅上，长长地坐了好几排。那些椅子很高，我坐在上面脚都踮不到地，只记得自己当时困倦极了。

在我们这群筋疲力尽的饥童对面，站着一群大人。忽然，这些大人们一拥而上，挤到我们中间，像在寻找着什么。他们将我们颈上的名牌粗鲁地翻来翻去，并念着上面的名字。面对这种阵势，我们既无助又无力。

那位先生并不高大，但看上去非常健硕，读着我脖子上的名字。"嗯！"他很肯定地说着，并抓起我的手，将我从高高的长椅上扶下来。就这样，他将我带走了，我不但一点也没有感到害怕，反而很乐意地跟着他走。

我们徒步穿过一个小镇，镇上的房子和我在维也纳见过的全然不同。那晚的月光是如此柔和透亮。天气很清爽，皎洁的月光使我们不至于摸黑行路。当时我也有意地观察着四周，看看究竟会被带去哪里。渐渐地，我们走出了小镇，再也看不到镇上的房子了，取而代之的尽是树林。那位先生吹起了口哨，因此我愤懑起来了。"他一定是个农民，"我想，"他一定在呼唤他的狗呢。"当时我的心也为之一沉，我是极怕狗的。

好在并没有什么大狗跑出来。我们一路走着，忽然间，越来越多的房子出现在我眼前。我们来到一户人家门前，门开了，我们走上楼去。楼上站着一位面容瘦削但目光温柔的女士。我向屋子里望去，顺着楼梯往上，我看到好些个孩子们的小脑袋，他们正居高临下地打量着我呢。那位女士拉着我的手，把我带到另一间房里，给了我一杯浮着奶泡的牛奶。然后她带我上到三楼，刚刚那些孩子们都已经跑开了。那位女士将我带进一间小房间，里面有两张小床，其中一张床上睡着个和我年龄相仿的小姑娘。那位女士脱下了层层包裹着我的衣物，解下了我头上的蝴蝶结，将我放到床上，盖好被子，还亲切地抱了抱我。我闭上了眼睛，很快便睡着了。

我永远也忘不了那段旅程。

第二天早上，那位女士来到房里，替我换上干净的衣服，带我下了楼。那里有张大餐桌，围坐着好些人，有昨晚领走我的那位健硕的先生，有与我年纪相仿的那个小姑娘。所有昨晚那些在楼上盯着我的小眼睛，现在又都好奇地看着我了。我完全听不明白他们在说什么，他们也听不懂我说的话。最终，那位最年长的男孩成了我的传译员，试着用零碎的德语将简单的东西翻译出来给我听。后来我知道，他还在读书，将来想做一名教师。

除了语言是个问题之外，孩子们对我都很好。对处于饥寒潦倒中的我来说，这种友善的环境实在很重要。面包、果酱、上好的荷兰牛奶，还有牛油、芝士、冬天里温暖的房间，对我来说是最好的治疗。啊——对了，还有种叫"冰雹"的细巧朱古力碎，叫"小老鼠"的朱古力薄片，他们教我将它放在牛油面包上一起吃。这样的生活我从前是想也不敢想的。

几周后，我渐渐恢复了些活力。所有的孩子都上学去了，包括老大，我的传译员。每个人都相信，对一个小孩子来说，学习荷兰语最快的办法就是去本地学校上学。所以那位先生像那天牵我来到他家一样牵着我的手来到一所本地的小学，并和校长谈了很久。校长表态了："就让她来我们学校吧。"

在维也纳的时候，我读五年级，但是在这里，我需要再从三年级读起。校长带我到一个陌生的班里，用荷兰语向全班介绍了我，还有我的过去。刹那间，全班所有的同学都向我伸出手来，想帮助我，我都不知该先抓哪个人的手好了。班上的孩子们都接纳了我，这令我想起了一个故事，说的是一个小孩子和他睡着的摇篮一起被洪水冲走了，摇篮在大水中剧烈摇晃，载浮载沉。这时，一只猫跳进了摇篮里，并在摇篮的两边来回跳跃，使得摇篮保持住了平衡，不至于被大浪打沉，直到摇篮靠岸。摇篮中的小孩得救了，我想我就是那个孩子，而所有在我生命中出现的荷兰人都是那只救命的猫。

入学不久，一月底，我已能听、能说一些单词了。

几个月后，那年春天过完的时候，我已是全班第一名了。

我在荷兰待满三个月了，可是我的身体仍然很虚弱，所以医生就将我的居留计划延期了三个月。此后，又再延了三个月。很快，这个家庭就将我融了进去，他们开始把我看作家中的一员了。男孩子们甚至说："我们有两个妹妹了。"

我已渐渐将那位先生当成自己的养父了，他是本地一家公司的工人领班。尽管这对夫妇有五个孩子，但绝对不算富裕。凭着"既然七个人能吃饱，八个人也不成问题"的信念，他们令我这个从维也纳来的瘦小饥童渐渐恢复了生气。刚到这里的一段时间，他们都一本正经地称呼我的大名——赫米内。但随着关系日渐亲近，这个称呼已显得太过生硬，他们就给我取了个可爱的荷兰小名——梅普。

我自然而然地过上了荷兰式的生活。闲适亲和，这是荷兰文化的主题。我学会了骑自行车，习惯给三明治的两面都涂上牛油。这里的人们也使我爱上了古典音乐，令我开始关注政治，晚上和大家讨论报纸上的新闻已成了我每天的必修课。

在荷兰式的生活中，有一个困难却令我无论如何都难以克服。每当冬季，运河封冻后，尼乌文赫伊斯夫妇总会带上我和他们的孩子一起去河面上玩。那里充满了节日般的气氛：一家家售货亭里有热朱古力和热茴香牛奶；一个家庭往往滑在一块儿，一家接着一家，他们的手臂挽在一起，连成一排，甩动着、旋转着；远处的地平线总是平直鲜亮，因为那儿连着淡红色的冬日暖阳。

　　他们用皮绳将我的鞋子绑上木制的刀架和带翘头的冰刀，并把我推上结冰的河面。看到我惊慌失措的样子，他们就将一张木椅推到我的面前，然后教我推着椅子前进。我的样子肯定很窘，因为很快就有人来把我推回岸边。当时我真是又冷又恼火，脱下手套，拼命想解开绑着刀架的皮绳。但是我的手越来越僵硬，那些皮绳却丝毫没有松动。我怒火中烧，又急又气，却也毫无办法。我对自己发誓，以后绝对不再靠近冰面，直到现在也没有破例。

　　当我十三岁的时候，我们举家迁往南阿姆斯特丹，我们家附近的街道都以河流命名。虽然我们住在阿姆斯特丹城颇为边缘的地方，靠近阿姆斯特尔河，那儿有绿绿的牧场和黑白相间的奶牛，而我们却算是城市居民了。我喜欢城里的生活。阿姆斯特丹有电车、运河、桥梁、水闸、鸟儿、猫儿、急速的自行车、鲜花店、鲱鱼店、运河边接踵而建的瘦高排屋、剧院、电影院，还有各色政治俱乐部。这一切都令我大开眼界。

　　一九二五年，我十六岁了，尼乌文赫伊斯夫妇带我回维也纳去探望我的亲生父母和亲戚。也许因为我离开得太久，维也纳的景色让我感到出人意料的美，本该熟稔的亲人却令我感到陌生。当我们快要离开维也纳时，我开始担心。不过我母亲倒是很直爽，她对我的养父母说："赫米内还是跟你们回阿姆斯特丹好。她已经是个荷兰人了。我想现在要她留在这里，她是不会快乐的。"我心头的结终于解开了，如释重负。

　　我并不想伤害亲生父母的感情，而且我还太小，一切仍然需要经过他们的同意，但我确实极想回到荷兰。我觉得我的内心已是一个荷兰人了。

　　又过了一年左右，我开始变得有些内向，开始强调独立，并尝试看些哲学书籍，想些哲学的问题。我看过斯宾诺莎和亨利·博格森的作品。我开始一条接一条地在笔记本上记下自己最为隐秘的想法和反思。没有人知道这本本子的存在，我只是写给自己看的，不足为外人道。我曾经深深地渴望找到一种对生命的诠释。

这种记"秘密笔记"的冲动来得快，去得也快。我感到尴尬、局促，害怕有人会看到这些最隐秘的东西。终于有一次，我将我写的东西撕成两半，全部丢掉，以后再也不曾写过这类东西了。十八岁时，我离开了学校，开始工作，虽然我仍是个强调自我的独立女性，但我对生活的极大热情又再次令我喜形于色。

一九三一年，我二十二岁，已是个成年人了，我再次回到维也纳探望双亲，这次是我独自去的。我会定期和亲生父母通信，因为已经工作了一段时间，所以也会尽量汇钱过去。这是一次不错的探访，但已不再有人问及我回奥地利的可能性了。我已是个彻头彻尾的荷兰人了。那个颈上挂着名牌、头上扎着蝴蝶结的十一岁维也纳饥童已全然褪去，取而代之的是个年轻力壮的荷兰姑娘。

在这次回维也纳的几天里，没有人想到要对我的国籍做什么更改，所以从护照上看，我仍是理论上的奥地利公民。但在和母亲、父亲、妹妹告别时，我很清楚我自己的身份认同。我知道自己将会定期寄信、寄钱给他们，也会在时机成熟时带上我的孩子去省亲，但荷兰将会是我永远的归宿。

第二章

一九三三年，我二十四岁，那年对我来说实在是困难的一年。我和另外一个同事一起被纺织公司的老板炒了鱿鱼，失业了好一段时间。那是我第一份，也是唯一一份工作。世道艰难，失业率很高。对于我们这些年轻人来说尤其如此。找到一份工作实在太难了。但是我自觉是个有独立精神的年轻女性，我渴望回到工作岗位上。

在我养父母家楼下几层，住着一位老妇人——布列克太太，她时不时会和我养母一起喝上杯咖啡。布列克太太有份很不平常的工作，哪怕对于习惯了外出工作的荷兰女性来说也是如此。她是个走街串巷的推销员，往往外出一整个星期，到礼拜六才会回来。她将一些日用品销售给农夫们和城里的太太俱乐部。

每个周六，她都会带着她的空箱子回来向她的雇主汇报，再将一批新的货装进箱子。一个周六，她在公司听说一位写字楼的秘书病了。公司正着手寻找一个临时工来填补空缺。

就在那天下午，她刚下电车就费力地往上爬了几层楼，径直敲响了我家的门。我养母在厨房门口兴奋地叫我过去，并把这份工作的情况告诉我。布列克太太递过来一张纸，说道："周一早上第一件事……"

我向她道了谢，为终于能有重新开始工作的机会而感到兴奋……我在想我是否能尽早到那儿并被录用。办公室在哪儿呢？我瞥了眼那张纸。"轻松，"我想，"骑车用不了二十分钟。或许十五分钟就行，那条路我通常骑得很快。"那张纸上写着：

奥托·弗兰克先生
N.Z. 福尔伯格沃路 120-126

　　星期一清晨，天清气爽。我早早将我那结实的二手自行车拎下陡峭的楼梯，并一路小心不弄乱我刚洗烫好的裙装。我对我的衣着很自豪，大多数的衣服虽说为了省钱是手工做的，但和时装店中的展示品也别无二致。我的发型也是当时最流行的——盘个蓬松的发髻。朋友们总是说我这样打扮活像美国的电影明星瑙玛·希拉。我是个矮个子，刚过一米五，蓝眼睛，浓密的深金色头发，我尝试用鞋子弥补我的身高，越高越好。

　　我蹬着自行车向北而去，离开了我们宁静的院落。我以平时的速度急速前行，裙子舞动，轻盈地在车流中穿过。路上都是些骑着自行车飞奔的工人，呼啸着驶向阿姆斯特丹的商业中心。

　　我穿过宽阔繁忙、满是鸽子的水坝广场，众多电车路轨从那里驶过，向着中心车站驶去。我也禁不住向路旁的贝杰科夫百货商店橱窗里的新款套装投去眼馋的一瞥。驶过广场就是皇宫和古老的"新教堂"了，那里自从一八九八年为威廉明娜女皇举行加冕礼后就再没举行过加冕礼。（威廉明娜女皇一八九〇年从父亲威廉三世手中继位，时年十岁，由母亲埃玛公主摄政至威廉明娜女皇十八岁正式登基。）我转弯来到 N.Z. 福尔伯格沃路。

　　N.Z. 福尔伯格沃路是另一条曲折蜿蜒的街道，路上满是电车、工人，路边多是十七、十八世纪的建筑。我下了车，推着车找到了那幢房子。

　　我面前的大楼是街上最现代的了，说实话应该算是摩天大楼了。米色大理石门厅上有着圆形的雨篷。上面就是仿佛直插入云的九层玻璃幕墙大楼了，每层都用褐色的石材分隔。这座独特大楼的名字用古体字刻着：坎迪德大厦。我将自行车停进车位，并理了理头发。

特拉维斯公司在这幢大厦里有两间小办公室。一个棕色头发的小伙子放下手中正在整理的货品，笑容可掬地过来接待我，那个区域看起来像是房中的物流区。房间并不敞亮，紧挨着物流区，有张木制写字台，桌上放着墨黑的打字机和电话机。小伙子告诉我他叫威勒特，是公司的运物员，负责跑腿的事情。我看得出，他是个友善的荷兰小伙子。我正想仔细打量他，一个声音却从隔壁的办公室传来，带着浓重的口音。

面前的这位瘦高个子的先生很有绅士派头，但也有些腼腆。他笑盈盈地向我介绍自己，我也做了简单的自我介绍，就像其他的应征者一样。我很快从他那深色的瞳仁中感受到了他温良的性格，他的动作甚至因为腼腆和风度而显得有点僵硬。他的办公室里有两张书桌，他从那张整洁的书桌前走来，对他生硬的荷兰语表示抱歉，并解释说他刚从德国的法兰克福移居至此，妻小都还没有过来团聚。

我很乐意地转用德语交谈，想令他不那么别扭。他的眼中闪过一丝感激而放松的神情，很自然地讲起了他的母语。他叫奥托·弗兰克。我猜他四十几岁。他上唇留着小胡子，爱笑，一笑就露出那不太整齐的牙齿。

他应该觉得我还不错，因为他对我说："在你开始接手工作之前，你得和我到厨房来一下。"我脸颊一阵泛红，他是说我得到了这份工作吗？我想象不出他要我去厨房做什么，一杯咖啡或茶吗？不过，我很自然地随他来到了厨房。在厨房里，我被介绍给了克拉勒，他就是弗兰克先生办公室里另一张写字台的主人。后来，我知道维克多·克拉勒和我一样，也是在奥地利出生的。

在厨房里，弗兰克先生用他那特有的平和语调一边和我们说着话，一边整理着一袋袋鲜果、纸包的砂糖，还有其他各种原材料。看起来公司的总部在德国的科隆。这家公司是专门生产家庭用品的，其中一种就是果胶，弗兰克先生想将它推销给荷兰的家庭主妇们。它是用苹果做的。"苹果核。"弗兰克先生笑着说道。公司从德国进口这种东西。家庭主妇们将它和砂糖、鲜果，还有其他一些原材料混合起来，只要十分钟就可以做出适合他们自己口味的果酱了。

他递给我一张纸。"这是明细单，现在可以开始做果酱了。"他转身出去了，留下我一个人在厨房。我顿时不安起来。弗兰克先生当然不知道我还和我的养父母住在一起，并且很少出入厨房。我能做出全家最爱喝的咖啡。天哪，可我现在做的是果酱。我定了定神，开始看那个使用说明。做果酱对我来说是个陌生的程序，我告诉自己我可以胜任所有事情。下定决心后，我就依照说明按部就班地做了起来。

我终于成功地做出了果酱！

在接下来的两周里，我待在这个小厨房里一罐接一罐地做着果酱。每天弗兰克先生都会带一大袋的各种鲜果来。这些水果就放在前台。制作出每一种水果的果酱都有其独特的程序。很快，在第三或第四天，我就掌握了诀窍。从某种程度上说，我已经是专家了。我做的果酱总是完美的：新鲜，颜色鲜亮，黏稠度适中，饱含汁水。一罐罐美味的果酱源源不断地生产出来。

根据弗兰克先生的建议，维莱姆和我都带了些做好的果酱回家。而弗兰克先生自己却没有带任何产品回家，因为他住在市中心的一个小旅馆里，并且将在那里一直待到他的妻儿来阿姆斯特丹和他团聚为止。弗兰克先生很少提及他的家人，我只知道他们和他的丈母娘一起住在亚琛，一个接近荷兰东南角的德国小镇。他太太名叫伊迪丝，他有两个女儿，大女儿玛戈和抱在怀中的安妮莉泽·玛丽，弗兰克先生简称她为安妮。他还有一位老母亲，和其他家庭成员一起住在瑞士的巴塞尔。

我觉察到弗兰克先生很孤独，因为他是离开家的顾家男人。当然，我是不会将这种感觉说出口的，这个太过私人了。

我称呼他弗兰克先生，他叫我尚特罗希茨小姐，因为我们这个年代的北欧人，还不习惯直呼对方的名字。很快我就和他混熟了，我抛开拘谨的称谓，请他称我为梅普。弗兰克先生接受了我的请求。

我和弗兰克先生的关系很快就十分融洽了，我们发现彼此都对政治有着热情。在很多事情上，我们都持有同样的立场。虽然我从小就被教育不要怀着仇恨，但我很不认同希特勒的狂热，这个家伙刚刚在德国取得了政权。弗兰克先生是个犹太人，从个人的角度出发，也感同身受。弗兰克先生因为希特勒的反犹政策而离开了德国。

虽然德国的大规模反犹运动看上去即将结束，但还是令我一阵愤懑。我从未对犹太人有特别不同的认知。在阿姆斯特丹，他们融入在城市生活里，普通得和其他人毫无二致。希特勒针对犹太人特别立法显然是不公正的，好在弗兰克先生来到了荷兰。而且，很快他和家人也会在这里获得安全。我们用德语进行了短暂的讨论，我俩一致认为离开希特勒统治的德国也是件好事。在这里，我们的安全得到了保障，这里是我们的第二祖国。

过了好些日子，那个请病假的女孩似乎没有任何回来的迹象。一天早晨，那时我已经在厨房工作了近两周了，弗兰克先生两手空空地来上班，并没有带任何水果。他来到厨房门前，向我做了个解下围裙的动作，我在厨房里总是穿着围裙，以免衣服沾上果酱。

"来，梅普！"他说着，把我领进外间的办公室。

他指着那张靠近窗子的写字台对我说："从现在开始，你坐在这儿办公。我称它为投诉及咨询服务台。你很快就会知道个中原因了。"

我在这个房间的角落里把自己安顿了下来，并可随时望见外面繁忙的街景。很快我便知道为何这个位置要叫现在这个名称了。我作为一个制作果酱的专家，现在的工作就是直接和我的顾客——家庭主妇们打交道。

我们销售的是一个果酱制作套装，装在一个纸袋里，内有四小纸包果胶。每种果胶都是用来做不同口味的果酱的，制作的方法就印在每个小包的背面。小纸包里还有用来标示果酱罐的橙色和蓝色贴纸；也有四方形的玻璃纸，那是浸湿后用来盖在罐子口的，再用皮筋一箍就严实了。布列克太太是我们的推销商，她走遍整个荷兰去推销这个产品，而我们也在商店和药行中出售这套果酱套装。

很多家庭主妇开始使用我们的产品了，但她们常常不肯严格地按照说明书操作。（荷兰人很精明，她们很讨厌浪费。所以当她们觉得购买我们的产品是在浪费金钱时，就会变得怒不可遏。她们会打电话来告诉我们这个产品一点也不好用。我的工作就是在这个时候礼貌地接受咨询，并说出她们使用不当的地方，她们把原来的制作方法自行"改进"成了制作一堆废料的办法。我会先让她们平静下来，再请她们描述一下废品的情况，然后我就会根据废品的特点来告诉主妇们，她们错在哪里。同时，我也会告诉她们如何纠正错误。这样，我们公司就多了一个忠实顾客。）她们总是会在我们制定的程序中加上一些自己的想象，称之为一种适合各自厨房的所谓的"改进"，这儿多一点，那儿少一些。他们的果酱自然就会在转瞬间变成拧成股的一团，或是稀烂的一摊了。

克拉勒，就是之前说到的那个和弗兰克先生合用办公室的先生，他声音沙哑，样貌端正，深色头发，是个一丝不苟的人。他大概三十三岁的样子，总是那么严肃，从不开玩笑。克拉勒先生进进出出地忙着生意，总是认真而礼貌，而且十分严肃，给维莱姆小伙分派着任务，并监督他工作。到目前为止，他和我在业务上并没什么交集。我看上去像弗兰克先生的左右手，因为我和弗兰克先生关系不错，所以我在这位严肃先生的管辖下也挺开心的。

想必弗兰克先生对我的表现是满意的，因为他开始分派一些新的任务给我了，诸如记账和打字等等。生意开展得并不快，但凭借弗兰克先生的创新和布列克太太的销售技巧，也算是渐渐有了起色。

一天，弗兰克先生来找我说话，脸上满是喜悦。原来他在我住的南阿姆斯特丹街区租下了一间公寓，那里最近搬来了不少德国难民。他的家人也从德国搬过来了。我能看得出他很兴奋。

此后不久，弗兰克先生宣布之前生病告假的办公室职员海尔小姐已恢复了健康，就要回来上班了。这个时刻终于还是来了，我听后点了点头，掩饰住了心头闪现的失落。

"但是，"他补充道，"我们都很希望你能够留下来做公司的固定员工。你会留下来吗？梅普？"

我的心快跳出来了。"我愿意，当然愿意了，弗兰克先生。"

"我们的生意正在不断扩大，"他继续说着，"我们必定有足够的事情让你和海尔小姐做。我们会再去弄张办公桌和其他东西，马上就去。"

一天早上，弗兰克先生问我厨房里还有没有咖啡和牛奶。我想我们大约是要见约好的客户了。而门铃响起时，我埋头工作并无暇向外张望。一定是弗兰克先生的访客，我边想边往门前望去。只见一位大约三十几岁的圆脸女士，打扮得高贵而严谨，深色的头发被扎成一个发髻。她身旁站着一个深色头发的小女孩，小小的个子，穿着一身雪白的皮衣。

弗兰克先生也一定听见了门铃声，大步地走出来招呼客人。因为我离得很近，所以他首先把她们介绍给了我。"梅普，"他用德语说道，"这位是我的太太，伊迪丝·弗兰克·霍兰德，这位是尚特罗希茨小姐。"弗兰克太太的回应让人看得出她来自一个富裕的书香门第——保持距离但也非常真诚。然后弗兰克先生笑着补充道："这位就是我的小女儿安妮。"

这个小女孩穿着带绒毛的白色皮衣，仰头看着我，微微地欠了欠膝向我行礼，说道："看来您不得不说德语了。"弗兰克先生解释道："恐怕这个小姑娘还不会说荷兰语，她才四岁。"

我看得出小安妮挺害羞，有些腼腆，一开始总是围着她母亲转，而她那双深色的大眼睛闪闪发光，对周围的一切都充满了好奇。"我叫梅普。"我对她们母女俩说道，"我去弄些咖啡。"我跑去厨房准备茶点。

当我端着茶盘走出来时，弗兰克先生正带着他太太和女儿去看克拉勒先生和维莱姆。安妮对维莱姆还有办公室里的一切都很感兴趣。虽然她还是感到害羞，但她已经开始和我熟了。她对一些在我们大人看来普通而沉闷的东西表现出了好奇，诸如包装箱、包装纸、绳子、票据夹等。

弗兰克夫妇拿了杯咖啡走进老板的私人办公室去了，安妮留在外面，喝着牛奶。我和安妮来到我的办公桌前，她对我那台乌黑发亮的打字机表现出了极大的兴趣。我握着她的小手去试了试键盘，还按了几下。当她看到字符跳跃并在票据上打出字母时，眼睛都放光了。然后我带她向窗外望去，我想这热闹的街景小孩子们都会喜欢的。看来我猜对了，街上的电车、自行车和行人果然引起了她的兴趣。

看着安妮，我想，我将来也要个这样的孩子。安静，顺服，对一切都充满了好奇。她喝完了那杯牛奶，转眼望着我。她不需要开口，她的眼睛已经说出了她的需要。我拿回了空杯，又再去倒了一杯牛奶给她。

我们的顾客开始习惯严格遵照说明书来做果酱了，所以我所负责的投诉及咨询方面的工作也日渐减少了。但此消彼长，随着业务的发展，记账、打字、出单等方面的工作量不断增加。维莱姆是个很友善的同事，像个乖巧的小老弟。我们相处得很好。

每天早晨我都会带着午饭的便当，骑着自行车去上班。上班路上会经过蒙台梭利小学，弗兰克先生已经为小安妮和他另外一个六岁大的女儿玛戈在此注了册。学校是个新的砖房子，那些敞亮的走廊里总是充满了笑声和孩子们奔跑嬉戏的身影。弗兰克一家那时已经搬去了梅尔温德街，那条街和我住的地方很像，都是些棕色砖结构的高大房子，很有可能就在我家东北面三四个街区，也在河区。

每天，越来越多的德国难民搬来我们这个街区，大部分是犹太人，八路电车上也开始流传这样一个笑话——"连售票员也说德语了。"这些难民大多都比这个区里的本地工人们富有，他们穿的皮质大衣和其他昂贵的东西总会引起阵阵骚动。

我自从学会了奔跑，似乎就再也没有行走过，我总是飞也似的骑着我那辆二手自行车，在八点三十分前到达公司，那时弗兰克先生、克拉勒先生，甚至维莱姆都还没到呢。我每天早晨的第一个任务就是为大家准备咖啡，这对我来说是种快乐。喝完咖啡我们就各自开工了。

一天，他们送来一张新的办公桌，放在我桌子的对面，隔着一条走道。不久，一个和我年龄相仿的小姐来了，她金色头发，微胖，不过带着病容。她要回了我用的写字台，我搬去了另外那张。她就是海尔小姐。她竟病了如此长的时间。从现在开始，前台的那个房间要由维莱姆、海尔小姐和我三个人共享了。

我和海尔小姐相处得并不是很好。我们东拉西扯地聊天，海尔小姐对每件事情都表现得像个权威。无论是音乐还是账目，任何事情，她总想要有最终的发言权。如果这个世界上真的有"无所不知小姐"的话，她正是那一类人。

海尔小姐近来执着于她刚刚加入的政治团体——国家社会主义运动，其实就是希特勒国家社会主义劳工党的荷兰版，这是荷兰新近出现的纳粹主义政党。她越是跟我和维莱姆传播他们的信条，我们就对她越反感，特别是那些针对犹太人的种族言论。

终于，我再也忍不住了。"听好了，"我盯着她的眼睛对她说，"你难道不知道我们的老板弗兰克先生也是一位犹太人吗？"

她歪了下脑袋，用那种一如既往的傲慢姿态回应道："哦，是的，我知道。但是弗兰克先生可是位绅士。"

"难道说所有的基督徒都是绅士吗？"我针锋相对地说。

她被我问住了，不再说话，漠然地走开了，从此我们再也没有说过话。办公室里原先温馨惬意的气氛变得越来越紧张和冷酷。我们大家都懒得在她面前谈论政治了。我好奇弗兰克先生对海尔小姐那种与纳粹的直白联系会怎么想，会开除她吗？一种疑虑开始在办公室里蔓延开来，我们仿佛在等待后续事情发生的那一刻。

　　好在工作不是我生活的全部。我那时的社交生活丰富多彩。跟很多荷兰姑娘一样，我也喜欢在舞蹈俱乐部里跳舞、流连。我是全阿姆斯特丹第一批学会跳查尔斯顿舞、两步、探戈和慢狐舞的姑娘。我去的那个俱乐部在斯塔德霍德斯卡德街上，我每周都和女伴们去上一次舞蹈课，在老师和钢琴师的帮助下练习新学的舞步。

　　周六周日的晚上，俱乐部里可以免费跳舞。每当这个时候，我们就会和年轻男士们伴着音乐翩翩起舞，曲子有《当你戴着郁金香》《我的蓝色天堂》《宝贝，除了爱我一无所有》等。我是个精力充沛的舞者，爱极了跳舞，整夜跳，都不曾坐下过。那些小伙子们总是乐于邀我共舞，并送我回家。

　　我和好些不错的小伙子都很熟，其中也包括他，他大我几岁，很高，是个穿着讲究的荷兰人。他的名字叫亨克·吉斯，是我几年前在纺织品公司工作时的同事，当时我是办公室职员，他是出纳。从那时起我们就成了朋友，虽然此后各奔东西——我来到弗兰克先生的公司，他去了阿姆斯特丹社工局，成了一名社工，但我们的联络从没间断过。我觉得亨克是那些小伙子里最吸引我的。他的金发浓密而有光泽，他的眼神充满了温暖和灵气。

　　我和亨克一样，也住在河区。事实上他是在南阿姆斯特丹长大的，离阿姆斯特尔河很近，那里遍布牧场和牛群，牛儿就在那里的草地上吃草、休息。现在他自己租了一间房，住在莱茵街的一户人家家里。那是条商业街，两旁商铺林立，还有好多茂盛的榆树。

　　弗兰克先生的点子为公司带来了进一步的繁荣。他的荷兰文也有了巨大的进步，他和我经常凑在一起，花很长时间斟酌我们的产品广告。然后，我就会将我们设计好的广告登到家庭主妇们常看的杂志上去。

　　克拉勒先生和弗兰克先生比起来，对我没有那样从始至终的满意。他总是如此严肃、谨慎，他的发型也是如此——深色的头发被梳得平整服帖，他喜欢所有的事情都以他的方式进行，绝对不接受其他的方法。有一次弗兰克先生给了我一封信，并说："请帮忙写封回信。"

我照着做了，并将我写好的回信拿去他们的办公室，给弗兰克先生看。他静静地看完了信后说："不错。"克拉勒也看了看那封回信，却不同意弗兰克先生的意见，说道："不对，我们应该用另一种方法。"

我没有说话，我当然知道应该如何写好一封商业信函。而克拉勒先生不曾留意到的是，作为一个女性，我们知道应该用何种口吻给一位生意人写信，也知道如何用另一种口吻写信给一位家庭主妇。虽然克拉勒先生已经结了婚，但他还没有孩子，他对商业礼仪秉持着一种极其传统的做法。相比之下，弗兰克先生的商业嗅觉显得更为顺应潮流。不过，撇开他的保守，克拉勒先生不是个令人讨厌的人。他对每个雇员都很公平，并不多表达自己的意见。

海尔小姐好几天都没有来上班了。她给克拉勒先生发来了封医生出具的信件，并附了她写的一个字条。医生的信上说："基于心理疾病等原因，海尔小姐不能够继续按要求完成她在贵公司的工作。"我们都屏息静候着事情的发展，当一切平安无事后，大家都觉得已经摆脱了她。弗兰克先生甚至半开玩笑地说："……可能是一种剔除纳粹分子的简便方法。"

我们大家都对此表示认同，期间没有一个人问起过海尔小姐的健康问题和康复情况。我们都觉得可以摆脱她是件好事。

到了一九三七年，我们公司搬到了辛格尔街四百号，拥有了一座沿河楼房中的几层，楼下还有了自己的作坊。公司的新址距离美丽的水上花市只有几步之遥，俯瞰着蜿蜒的辛格尔运河——阿姆斯特丹中部最吸引人的河道之一。附近的环境令我欣喜不已，不远就是莱德斯街，一条别致时髦的购物街；还有斯珀街，那里有许多书店，到处都是来看书、选书的学生；此外，附近的卡尔瓦街，又是另外一条购物街。虽然我靠着微薄的薪水小心度日，但若只游逛和欣赏那些时尚商铺却不需要花一分钱。因为我觉得没有什么比午餐后去河边一边散步一边欣赏时装店橱窗里的最新款服饰更享受的了。

有时候，我会和亨克·吉斯在午餐时间一起散散步。弗兰克先生见过亨克几面，他觉得亨克应该是我比较稳定的伴侣了。他们的身材差不多，都算是瘦高的那种，不过亨克看上去要略高一些，留着一头金色鬈发，而弗兰克先生的头发是深色的，绵细而且有些谢顶。他俩的性格也有些相似，寡言、有原则、充满诙谐的幽默感。

有一天，弗兰克先生邀请我去他家吃晚餐。"把吉斯先生也请来。"他补充道。我答应了，被自己的老板邀请去他家里和他家人共进晚餐，令我觉得颇为荣幸。

为了显得得体，我们会在六点准时到达、用餐，然后尽早告辞，总之尽量将拜访时间缩短。因为我觉得在餐后逗留太久会令我和老板之间的关系显得不那么正式。我和亨克六点钟准时来到了弗兰克先生家里。

虽然还是打着领带、穿着夹克，但是弗兰克先生在他那舒适的家中显得放松多了。弗兰克太太还是用她那温婉的态度向我们问候。她深色、闪光的长发从额心分开，梳向头后扎了个软发髻。她有深色的眼眸，宽脸，高额头。她面颊丰腴，略微显胖的身子令她一看就知道是个壮实的母亲。虽然弗兰克先生的荷兰语进步突出，但是她的口音听起来要比她先生重多了。亨克和我一样，德语也说得很流畅，所以我们大家都用德语交谈。我还记得刚来荷兰的那几年，学语言对我来说是多么困难。我想，克服语言关对于弗兰克夫妇这样年纪的人来说更难。

弗兰克太太怀念德语，比弗兰克先生更甚。在我们的对话里，她经常不无伤感地怀念起原来在法兰克福的生活，怀念出色的德国糖果和那优质的服装。

她的老母亲霍兰德太太也从德国搬来和他们一起住了，不过她的健康状况不佳，需要卧床静养。

公寓里的家具都是从法兰克福搬来的，大部分都是深色木制抛光的，一看便知是上了年头的古董货，另外还有些深色的大型家具。我格外喜欢那张放在两扇窗户中间的高大写字台，它是十九世纪的法式风格，做工精细。弗兰克太太提到这些家具是她嫁妆中的一部分。家里还有一口庄重的座钟，钟摆嗒嗒作响，仿佛成了房间温柔的背景音乐。这钟是阿克曼牌，法兰克福制造的。正当我们对座钟赞叹的时候，弗兰克先生告诉我们，这口钟三到四个星期上一次发条，走得一直很准。

我被墙上一幅装裱精美的炭笔素描吸引住了，上面画的是只大猫，旁边还有两只小猫。母猫神态安详地给两只小猫哺乳，小猫就依偎在它腹前。弗兰克先生是个爱猫的人，也确实，那时正好有一只猫优雅闲适地穿过房间，就好像它才是房间的主人一般。弗兰克先生说这猫是孩子们的。说来也是，孩子才是这房子的主人，因为到处都有她们留下的痕迹——稚气的涂鸦、儿童玩具等等。

血腥的西班牙内战成了我们接下来的话题。西班牙将军弗朗哥，一个法西斯主义者，就快击溃来自欧洲各地甚至美洲和澳洲的志愿军了。希特勒还有意大利的法西斯头目——墨索里尼对弗朗哥政权的扶持已经昭然若揭。我们大家都有反法西斯的共识，当我们讨论起西班牙内战的新闻，就懊恼得频频摇头，因为英勇的志愿联军似乎快被击溃了。

我们在桌子旁坐下，他们呼唤玛戈和安妮过来吃饭。安妮连蹦带跳地就来了。她今年八岁，虽然看上去还有些瘦弱，不过她灰绿色的眼睛中布满了绿色的斑点，透出闪烁的灵光。她的眼窝很深，所以当她半闭双眼的时候，眼睛仿佛被阴影给遮住了。安妮的鼻子像妈妈，嘴巴像爸爸，不过微微有些哨牙，下巴也有些棱角。

那天是我们第一次见到玛戈，她进来就坐下了。玛戈今年十岁，长得很漂亮，也有一头深色闪亮的秀发。两个小女孩都剪了齐耳的短发，额前分叉梳向后面，用个发卡夹住。玛戈眼睛的颜色要深一些，她是个害羞的小女孩，和我们在一起时特别安静，并且非常礼貌得体，像安妮小时候一样。玛戈的笑容令她的脸蛋看上去更美了。两个小姑娘都说一口流利的荷兰语。

玛戈看起来和妈妈更亲一些，而安妮则更喜欢和爸爸在一起。

去年一整年，弗兰克家的两个小姑娘身体都不太好。因为那些儿童常见的病症在她们身上接二连三地出现，由于风疹，她俩被迫请了好些日子的假。不过可喜的是，虽然身子瘦弱些，她们在晚餐中却有不俗的胃口。

吃完饭，道了晚安，两个小姑娘就离开餐桌回自己的房间里做功课去了。她们走时，我发现安妮的小脚丫上套着一双齐踝高的白袜子加一双浅口鞋。因为还有些瘦弱，她的袜子拉不高，蜷缩在脚踝下面，看上去可爱又有趣。我心中不禁泛起一阵莫名的暖流，直到面颊，似乎想要笑出来，真想过去蹲下来帮她把袜子提到脚踝上，不过我把这个冲动压了回去。

亨克、弗兰克夫妇和我继续着我们的话题，不过当我们喝完第二杯咖啡的时候，我们就起身谢过了主人，迅速告辞了。

这就是我们第一次受邀去弗兰克先生家吃晚餐的经过。除了礼节性的社交，我知道了更多关于他们的故事，这主要归功于弗兰克先生对他们过去生活的追忆，关于他在一个叫亚琛的小城度过的幸福童年，关于他如何在一九二五年娶了弗兰克太太以及他们在法兰克福的生活等等。弗兰克先生就是在那里长大的。弗兰克先生来自一个受过良好教育的犹太商人家族，他家所在的犹太族群主要由商人和银行家组成，其历史可以追溯到十七世纪。他受过良好的教育，还曾经作为一名勇敢的士兵参加了一战，并靠着出色的表现晋升为上尉。

战后，弗兰克先生回到法兰克福，成了一名生意人。他的姐姐住在瑞士的巴塞尔，嫁给了一位公司职员。那家公司的总部在科隆，还有一家分公司设在阿姆斯特丹，这就是专营食材的特拉维斯公司。所以，当弗兰克先生想要离开德国的时候，他的姐夫就建议公司雇佣他来振兴公司在荷兰的业务。来到荷兰后，弗兰克先生带领这家分公司做了一些新的尝试，结果证明这种创新为公司和他自己都带来了丰厚的利润。

第三章

亨克·吉斯和我走得越来越近了。我们渐渐开始讨论我俩之间究竟有多少共同之处，比如我们都喜欢莫扎特。我们发现彼此都很喜欢一首长笛和竖琴的协奏曲，我们是那么的开心。

我和亨克在一起的时候，常常能看到别人对我们投来赞许的目光。我们对自己的穿着打扮都是自豪的。事实上，亨克总是打扮得很正式，我几乎没有见过他不戴领带的样子。他那双水蓝色的眼睛里总是闪着充满活力的光芒。我们之间似乎有一种相互吸引的磁性，连周围看到我们的人也可以察觉出来。

我们都喜欢看电影，很快，周末去老犹太小区的一流剧院就成了一种习惯。这个剧院上映美国、英国，还有德国电影，间或也有新闻片，最能吊起我们胃口的要数那些电视连续剧，剧情令我们迫不及待想要在下个周六追看到下一集。

像这里的其他情侣一样，我们也喜欢蹬着自行车去远足。实际上我们只有一辆自行车，亨克负责骑车，我就侧着坐在后座，背脊向外稍稍倾斜，用来平衡我微微抬起的双腿。我双手轻轻扶着亨克的腰，裙子就这样随风摆动着。

只要到了温暖又有阳光的日子，整个阿姆斯特丹就满是这些不知从哪里冒出来的、跟我们那辆一样的黑色自行车充斥着，一辆或两辆自行车就载起了整个家庭。一个小孩坐在后面的行李架上，一个坐在前面的横杠上，那些地方都装了小坐凳。这样，一对夫妇就可以骑车带上四个小孩了，因为那些孩子小到还不能自己骑车。不过，当孩子们稍微长大些，他们就可以拥有属于自己的二手自行车了，可以骑着车跟在父母的自行车后面，极像排着队的小鸭子。到时候，他们就会骑过铺着鹅卵石的街道，骑过大桥，也骑过泛波的运河了。

我和亨克都热衷于假日市集，那儿不远，就在老犹太人小区、葡萄牙裔犹太会堂附近，一穿过阿姆斯特尔河就到了。阿姆斯特丹的人们都很喜欢那里，因为那里既有十七、十八世纪的老房子，也有本世纪的新建筑。闲步于那偌大的市集之中也是件惬意的事。到处都排列着售货小推车，满眼尽是鲜艳的色彩，满耳都是鼎沸的人声，所售的商品更是琳琅满目，且充满异国的情调。或许因为过去我常和我父母一家来这里，而亨克又和我兄弟的年纪相仿，所以我们都有在家里一样的感觉。

在这个街区住着的都是些穷苦的犹太人。很久以前犹太人就从东方诸国找到了进入荷兰的路，最近又有来自德国的犹太难民。西迁的日子对于犹太人和其他难民来说都不好过。

犹太难民潮开始渐渐被遏制住了。我们都很疑惑，那些没有被接纳的犹太人可以去哪里。而且令我更为担心的是，那些在德国被希特勒排挤的犹太人可以去哪里？谁能收留他们？

一天，我们办公室的维莱姆开着公司的边三轮摩托车沿着运河飞快地行驶。那天风和日丽，有海鸥在运河上盘旋，可以听见楼下轻柔的风琴声。年轻的维莱姆在鹅卵石的路面上颠簸地骑着，显然骑得太快了，转弯的时候直直地掉进了辛格尔运河的浊浪中，不偏不倚就在公司大门前。

我和弗兰克先生迅速地冲过街去，一边忍俊不禁，一边将维莱姆和那辆边三轮摩托车拉上岸来。弗兰克先生截了辆出租车送维莱姆回家，我们就回公司了。这件事时不时被我们提起，笑了足足好几天。

从一九三八年三月的某一天开始，办公室里这种轻松愉快的气氛似乎被恶劣的时局彻底阴干了。那天，整个公司里的同事都站在弗兰克先生的收音机前，里面传来的是那刺耳的声音，希特勒的部队在维也纳举行了庆祝胜利的入城式。维也纳——弗兰克先生年轻时待过的地方，电台的播音员说那里有鲜花、彩旗、欢呼和愉悦的人群。

维也纳，希特勒作为一个外乡人也算待过一阵子。那也是我曾经生活过的地方。想象着城中那些为希特勒歇斯底里欢呼的暴民，我心痛极了。一想到仍然持有奥地利护照，我懊悔万分，当时真应该换掉它。

所有维也纳的犹太人居民被夺去财产，在纳粹的淫威下被强行送去清洗公厕、洗刷街道，我听后目瞪口呆。

不久，我就去 O.Z. 阿赫特伯格沃街一百八十一号的警察署外国人事务部，为我的护照做年检。年复一年地我都需要来这里，为我的奥地利护照盖章和办理延期签证。那一年，一九三八年，我既震惊又气愤，我被他们通知要去德国大使馆。在那里，我的奥地利护照被没收了，换成了一本印有黑色"卐"字的德国护照，照片旁边还盖了印。从国籍上来讲，我现在竟是德国人了。但是这简直是胡说八道，因为我从内而外都是荷兰人。

就在我去过外国人事务部和德国大使馆几周后的一天晚上，我正在哈斯普街的家里，和我的养父母一家在一起。刚刚吃完晚饭，我舒舒服服地看着报纸，喝着我的第二杯咖啡，传来一阵敲门声，他们把我叫了过去。

门口站着一位和我年纪相仿的金发女人，露出甜甜的笑容。"我可以和你聊聊吗？"她问道。

我请她进门，并向她询问来意。这个女孩连珠炮似的向我解释说德国大使馆给了她我的个人资料，她和我一样拥有德国国籍。此行的目的是来邀请我参加一个纳粹女子社团。这个俱乐部的理想正是"我们""元首"的理念，像"我们"这样的组织正在整个欧洲迅速崛起。

她继续说道，当我加入——而不是"如果"我加入——俱乐部以后，我会得到一个会员胸章，然后就可以去参加她们的会议了。紧接着，她不无炫耀地说，"我们"组织可能会获得去祖国——德国的机会，去那里和我们的雅利安姐妹们一起参加活动。她继续用这种方式说话，好像我已经加入她们了一样。

我明确拒绝了，她脸上的笑意渐渐消退。"可是这是为什么呢？"她诧异地反问道。

"我怎么会参加这种组织呢？"我冷冷地说道，"也不看看那些德国人对犹太人的所作所为。"

她眯起了眼睛盯着我，仔细地打量着我的脸，仿佛要记住我的所有特征。我很乐意在她那纳粹的小眼睛前展示我轻蔑的神态。让她用自己的眼睛好好地看看我，好知道有一些"雅利安"女性并不为纳粹所屈服。

我道过晚安，她一转身我就关上了大门。

虽然荷兰的天气还没有转冷，却是阴雨绵绵的。在那个十一月的晚上，听到最近的新闻，我和弗兰克一家都充满了担忧和苦闷。就在几天前的晚上，一九三八年十一月十日，发生了臭名昭著的"水晶之夜"①

那晚，在德国，成百上千的犹太人公司、商店和住宅被冲击并焚毁；犹太会堂和犹太《圣经》遭到破坏；成千上万的犹太人遭到毒打和射杀；妇女遭到强奸，连手无寸铁的儿童也遭到了袭击。在犹如地狱般的残垣败瓦中，犹太人被赶拢到一起，驱逐到了一些不为人知的地方。

后来，我们知道这些犹太人被控煽动暴力罪，处以数百万马克的罚金。

---

① 水晶之夜，是指一九三八年十一月九日至十日凌晨，纳粹党员与党卫队袭击德国全境的犹太人的事件。这被认为是对犹太人有组织屠杀的开始。

弗兰克夫妇、亨克和我一起讨论了这些新闻。弗兰克太太说到这些惨无人道的兽行时不由得提高了嗓门，这些事是如此切身，却又如此遥不可及。

而弗兰克先生，还是他素来那副认真而安静的表情，只是不住地摇头。他说，希望现在这种憎恨犹太人的恶行可以像是发高烧那样迅速消退，并且给尚有良知的人们一个机会，去反思他们之前欺凌和虐待犹太人的愚钝。毕竟，德国曾以其文明理性的传统自居。难道人们已经记不得几千年前，那许许多多和当下犹太人同出一系的祖先们曾和罗马人一起来到德国吗？

每当玛戈和安妮被唤到餐桌前的时候，我们马上就会停止讨论这些恐怖的话题。我们会将嗓门提高几度，只讨论那些令人愉悦的事，总之就是适合这些无辜孩子们听的事情。

距离我们上次去弗兰克先生家吃饭已经好几个月了，玛戈和安妮明显长大了。九岁的小安妮已经开始形成她自己的个性了。她的面颊红润，说话很急，声音又快又尖。而玛戈，随着青春期的到来，变得更漂亮了。她仍然是两个姑娘中较为内向的一个，安静，坐得笔挺，双手总是叠放在膝上。两个小女孩都有极好的餐桌礼仪。

我们听说安妮很喜欢在学校里演话剧。安妮说起她学校的那些朋友们，语气仿佛每一位都是她最好的朋友，也是唯一的朋友。她显然是一位喜欢和朋友们混在一起的小女孩，总是说起她们互相去对方家里做客的愉快经历。她们也一起去阿姆斯特丹近郊远足，并参加小型的过夜派对。就像我和亨克一样，安妮对电影也很痴迷，我们会聊起彼此都看过的影片、比较喜欢的明星等等。

玛戈在学校的成绩极好。她正在成为一名非常优秀的学生，为了保持优异的成绩，她从不介意连续数小时的苦读。安妮的成绩也不错，不过她好像正成为一个小小交际花。

弗兰克先生把女儿们打扮得非常漂亮。她们总是穿着新熨好的花连衣裙，好些裙子上面都有手工绣的亚麻领。姐妹俩的头发总感觉是新洗过的，被梳得整齐光亮。我心里暗想，等我有孩子的时候，也要这样为他们打扮。

晚餐后，我们品尝了弗兰克太太做的甜品。我对甜食的喜好绝不亚于小孩子们，我经常被人嘲笑，说我总是情不自禁地要去再添一次甜品。弗兰克先生肯定是家里那位负责给孩子讲故事的人，因为当玛戈和安妮要回房做功课时，他答应说等她们做完了功课就去给她们讲故事听。安妮听后开心极了。

就在那段时间，一位新来的难民加入了我们公司。他是弗兰克先生生意上的老熟人。随着弗兰克先生生意的不断拓展，他成为我们在香料领域的专家顾问。他叫赫尔曼·范丹，是个在荷兰出生的犹太人，不过已经在德国生活很多年了。他也像其他犹太人那样，因为希特勒的上台而选择离开了德国。我们香料生意的品牌叫作"佩克塔康"。

所有关于香料的问题，范丹先生可以说无所不知，只要闻一下，就能马上说出那种香料的名字。他的嘴里总是叼着根烟，个子又高又大，打扮讲究，只是走起路来微微有些驼背。他的面容看上去很粗犷，并不帅气，虽然只有四十多岁，但头发已经很秃了。他很有幽默感，总是爱讲笑话。

范丹先生是个极好相处的人，来了没多久就融入了我们的日常工作中，一点问题也没有。他开始工作之前必定会先来一根烟或是一杯咖啡。每当弗兰克先生和他碰头的时候，他们总能想出一些营销推广的成功点子来。

弗兰克先生渐渐开始开放他们的家，邀请人们来做客，并提供咖啡和茶点，时间往往选在星期六的下午。我和亨克有时候也被请去参加聚会，那里通常还有七八个其他客人，都是德国人，大部分是因躲避纳粹而来此避难的犹太人。

虽然人们来这里之前并不是互相熟识，但他们有好些共同点。弗兰克先生很乐于将这些难民介绍给荷兰本地关心他们的人，诸如为何要逃难，来此地后的生活情况如何等等。每当弗兰克先生介绍我和亨克的时候，都称"我们的荷兰朋友"。

范丹先生和他那风情万种的太太——彼得罗妮拉，经常一起来参加弗兰克先生的家庭聚会。另外常来的一对夫妇是卢因先生和他的太太，他们也是德国人。卢因先生是位药剂师，正在阿姆斯特丹艰难地找着工作；太太是位基督徒。卢因先生和范丹先生都住在河区的公寓里。

还有一位经常受邀的是阿尔伯特·杜赛尔，他是位口腔外科医生。他的样子很俊朗，很有魅力，和法国歌星莫里斯·谢瓦利埃颇为神似。杜赛尔带着跟他刚从德国逃难出来的漂亮太太。她叫洛特，不是犹太人。

我很喜欢杜赛尔医生，他是个很有吸引力的人。他被阿姆斯特兰街上的牙医诊所聘用了，他说他希望有一天可以自己单独营业。我听说后暗暗思忖，如果真是这样，我就把我的口腔交给他了。如我所愿，他后来真的成了一名优秀的牙医。

每逢周六的聚会，我们大家就会围坐在弗兰克先生家客厅里那张又大又圆的深色橡木桌边。桌上满是咖啡杯、奶油、弗兰克太太那些闪着光的银制餐具，当然还有美味的自制茶点。所有人一起聊着天，大家都对全球的新闻动态了如指掌，特别是那些关心德国局势的人。得知捷克斯洛伐克已经被希特勒吞并，我们不无愤怒地提高了嗓音。就像一九三八年吞并苏台德区一样，说是"为了维持和平"，但是入侵的行径却是如此凶残。

在我们周六的聚会中，弗兰克家的两个女孩时不时会被叫到客厅里来。当她们出现的时候，大人们的话题就会戛然而止，并迅速地换成那些愉快的事情。安妮爱笑，笑起来整个脸庞都泛着那种无邪的神态。姐姐玛戈看得出来是个美人胚子，她皮肤极好，身材也显得日益玲珑。她们站在一起，安妮的个子已经快到她姐姐的鼻子了，姐妹俩都狼吞虎咽地吃完了已经切成片的蛋糕。房间里的大人们很安静，一直等到两个小姑娘离席，并把她们的房门关上。然后大家就又开始高声议论起来了。

几乎每一次，话题最终都会回到他们原来在德国的那些日子，那些被迫逃离家乡前的日子。逃到这里的人们都会遇到难处，但是我们的德国朋友似乎都不太愿意抱怨太多。当大人们的日子很难过的时候，他们的孩子是不会知道的。荷兰的父母也是这样和孩子相处的。所有人都是通过努力工作来使自己过上体面的生活。没有人曾想到，他们会如此背井离乡，人到中年却还要去外国重新开始生活。幸好，他们来到了荷兰，这个世界上最自由和宽容的地方。

烟斗冒出的烟圈袅袅娜娜。大家的讨论似乎不会有终止的时候，只是随着晚餐时间的临近而渐渐弱了下来。我和亨克总会早一点告辞，步下门前的两段楼梯走到梅尔温德街上。有几次刚要走的时候，我们正好遇见玛戈和安妮骑着结实的黑色自行车，喘着气，两人的脸蛋都变得红扑扑的。她们会把车停靠在门前楼梯的扶手上，然后一溜烟地上楼了。这时候我和亨克就会迅速地穿过满是青草的广场回家去了。

第四章

从一九三九年初开始，特别是纳粹德国占领了捷克斯洛伐克以后，我们对希特勒的关注日益增长，大家都知道他是一个极其危险的人。从那年的春天起，直到夏天，我们都沉浸在一种紧张和提防的情绪中。国家为了保持警惕，已经发布了全军动员令。有些人对于变幻的局势漠不关心，还是更在意他们的周末活动。不过也有另外一些人感到时局危急，仿佛芒刺在背，这种隐痛不会消失。我们的生活气氛越来越紧张了。

去年夏天，威廉明娜女王向全世界宣布，荷兰保持中立。

时局逼得我和亨克不得不认真考虑我们的关系了。我们之间对彼此的爱已毋庸置疑。大家之所以都没有向对方做出什么承诺，是因为我们俩的薪水如此微薄，以至于几乎没有存款，更不用说置办家具、开始另一种生活了。对于结婚，清贫的年轻情侣们往往需要更长的等待期。

但是我们决定了，我们要抛开一切现实的困难。毕竟时间飞逝，而我们并不会越来越年轻，我那时已经三十岁了，而他已迈向三十四岁。我们想好了，只要能够找到一间公寓，我们就马上结婚。我们马上着手做这件事——寻找住处。

在找房子的过程中，我和亨克几乎跑遍了整个阿姆斯特丹，我们找过相对独立的公寓，也试过租用别人公寓里的几间房——算是一种体面的寄居。可惜一无所获。亨克是个很有耐心的人，这期间，他从来没有显得不耐烦，而我倔强的一面也表露无遗。越是找不到房子，我就越下定决心去找。我对自己发誓说，只要在这个城市中还有我们的藏身之所，我就一定有办法把它找出来。我绝不介意将来要在风雪中骑自行车长途跋涉，也不介意要冒着早起的寒意去上班。

不幸的是，将我所有的决心加在一起，都没能令结婚这件事变得有一丝容易。阿姆斯特丹有着为暴政下的人民提供庇护的传统。虽然有严格的移民法，但这座城市现在还是充满了各种难民，有寻求政治避难的人，也有躲避宗教迫害的人。似乎每家每户都腾出了自己的阁楼或者暂时不用的地下室，好让这些新来的人挤进他们家来。城市人口的突增显然已经超越了其原有住房的承受能力，已经没有任何新的空间了。

正当我们一无所获地找着房子的时候，我们一直担心的事终于发生了。一九三九年九月一日，希特勒的纳粹军队开进波兰。两天后，英法两国对德宣战。而荷兰，不偏不倚地就坐落在这三个国家的中间。

不过当波兰被"闪电战"瞬间击败后，英法两国并没有什么动作，我们开始叫它"静坐战"。不久，十一月八日，我们心中生起一阵长久未有的希望，因为我们在电台中听到希特勒遭到刺杀。虽然刺杀行动失败了，但是终究还是证明了在德意志的某处仍然有"德国好人"的存在。如果真的存在，那我们有理由相信他们是一群人。如果有了一次刺杀行动，那我们就有理由相信还将会有更多次的尝试，也许其中就有一次会成功。我竟是如此充满希望。

我想要希特勒下台，或者被刺杀，怎样都好。当我想到自己有这个想法的时候，我意识到自己已经变了，我从小就被教导"永远不要仇恨"，而凶杀是一种可怕的罪行。但是这就是我，头脑里已经充满了仇恨和凶杀的念头。

阿姆斯特丹的寒冷冬季到来了，运河也已经冻住了，河面上很快就有了出来滑冰的人群。记得那年的雪来得特别早。十一月三十日，苏联红军进攻芬兰。但是这里的电台出奇地安静，大家忙着彼此传递对新一

年的祝福。好像一切都是新的了，我很好奇新的一年究竟会为我们带来
什么。我和亨克也再一次下定决心，在新的一年里一定要找到住处，并
要开始新婚生活。或许只有这样，我们才有可能建立属于我们自己的
家庭。

公司的生意不断扩大。范丹先生的香料生意开始需要更多的雇工。
我们开始意识到公司所在的辛格尔街四百号已经不敷使用了。一九四○
年一月，弗兰克先生告诉我们，他已经找到了一个新的地方，那里有足
够的空间来顺应公司的发展。新址所在的大楼离我们现在的办公地点并
不远，就在王子运河街上，贯穿阿姆斯特丹老城另一条运河的河湾处。

新大楼在王子运河街二百六十三号。那是座有山形屋顶的细高红砖
房，始建于十七世纪，和这个区内的其他老房子差不多。公司新址在原
址的西面，和工薪阶层的住房相邻，叫作约丹，名字来源于法语的"花
园"。这里所有的街道都是用花卉的名字命名的。我们新办公室所在的
街道上有很多小工厂、小仓库，还有其他一些像我们这类的小型企业。

新办公室的形状不太规则，一楼面向运河那侧开有三个大门。第一
扇大门进去有一座木楼梯，通向储藏室，那里我们现在暂时还用不到。
它旁边的一扇大门进去有一条短短的楼梯，通向一个楼梯平台，那里有
左右两扇毛玻璃做的门。右侧的那扇门上写着"总务室"，这就是我和
其他一些女孩子们工作的地方。而从左侧的玻璃门进去就是克拉勒和范
丹的办公室。从这个楼梯平台再往上四个台阶，还有一个小平台和另外
一扇毛玻璃大门，里面就是弗兰克先生的私人办公室。楼房前第三个大
门进去就是我们一楼的工作间了。

等着和我打招呼的是一只黑白相间的大肥猫，它的脸上有一点伤
痕。猫咪盯着我看了很久，我也同样仔细地看着它。我很快就拿出一些
牛奶给它。我可不想去想象那些阿姆斯特丹肥老鼠就躲在这老旧、潮湿
的厂房里。这只猫成了我们公司的吉祥物，与此同时，它可以将公司内

老鼠的数量控制在可接受的范围内。

公司做了一些人事变动。维莱姆离开了我们，他的工作由两个人来接替，一个老人和一个学徒小伙子。

过了不久，弗兰克先生叫我去他的办公室，并介绍了一位他刚刚面试完的小姑娘与我认识。她的金发稍显褐色，比我高好多。她戴着眼镜，我一眼就能看出她是那种很害羞的人。她叫埃莉·沃森，今年二十一岁。弗兰克先生刚聘请了她来分担总务室的工作。

我将她放在我的保护圈内，安排她坐在我对面。弗兰克先生很喜欢她，我也一样。埃莉和我在工作上配合得很好，很快我们就成了朋友。我们开始一起吃午饭，一起散步，互相闲聊。她父母有七个孩子，她是老大，下面还有五个妹妹和一个弟弟。

公司搬家后不久，弗兰克先生就聘请了一位四十多岁的荷兰人，名叫乔·库普休斯。他和弗兰克先生有着很多年的生意往来，也是他的朋友。库普休斯先生比较清瘦，面色灰白，一副有着很厚镜片的大眼镜架在他瘦削的鼻子上。总之，他看上去显得比较羸弱一些。他是个比较安静的人，能给人带来一种可靠和慈祥的感觉。库普休斯先生很快就和我建立起了很好的关系。

库普休斯先生、埃莉·沃森，还有其他几个女勤杂员和我组成了我们这个总务室。克拉勒和范丹继续在我们身后共享一间办公室。事实上公司里的先生们似乎分成两组，库普休斯和弗兰克先生主要负责家具产品和财务；而范丹先生和克拉勒先生则负责香料生意，特别是那些可以用来做酱品的香料。

一些不同的女孩子时不时会被雇来总务室加入我和埃莉的圈子。她们通常都是些可爱的小姑娘，在这里完成了属于她们的那部分工作后就离开公司了。我渐渐成了总务室的资深成员。我要负责确认总务室里大家的工作是否已经保质保量、干净利落地完成了，这就是我每天做的事情。

北 海

＊阿姆斯特丹

荷 兰

英 国

德 国

比利时

1：2,400,000

荷兰地图

　　一九四〇年二月，玛戈十四岁了，就在我过完三十一岁生日后的一天。那天在弗兰克先生家里吃晚饭的时候，我们意识到我们面前的玛戈俨然是个少女而不再是小姑娘了。她的身形也丰满了许多。厚厚的镜片已经遮住了她那深邃的黑眼睛，不过她的注意力总是在书本上，从不曾有什么其他轻浮的动作。除了那副眼镜，玛戈越变越美，她的皮肤嫩滑而有光泽。

　　在一九四〇年那个寒冷的冬天，安妮看上去还不太像十一岁的姑娘。她总是跟着她姐姐，姐姐的一举一动都被安妮那如箭的眼神和如电的思维吸收进去。事实上，安妮的模仿技能不断发展。她会模仿任何人任何东西，并且惟妙惟肖：猫咪的叫声、朋友们的语调、她老师那充满威严的语气等等。她时不时地小露一手，总会令我们忍俊不禁，大家都很佩服她那控制自己嗓音的能力。安妮很享受我们认真看她表演的感觉，也喜欢听我们对她诙谐表演的赞赏。

　　安妮也长大了。她那纤细的腿似乎从裙摆到脚跟间被逐渐拉长了，她的手臂也是这样。虽然她仍算是个瘦小的小姑娘，不过看上去她渐渐进入了青春发育期，她的手脚猛然间变长，显得和身体有些不协调了。作为家里最小的孩子，她仍想寻求着大家格外的关注。

　　在过去的一年间，安妮没有像以前那样多病了，而玛戈就没有那么幸运了，她仍然断断续续地被一些诸如胃痛之类的小病痛缠绕着。两姐妹现在经常说荷兰语，一点口音都听不出了，有时候甚至连弗兰克太太都会不经意地蹦出一两句荷兰语。有时候，为了给弗兰克太太一些说荷兰语的机会，我们会把和客人们的对话从德语转到荷兰语，一对一地和她说话，试着用一种轻松的方式去帮她改进荷兰话。对于这种新的语言，弗兰克太太是全家学得最吃力的一位，或许是因为她大多数的时间都待在家里。对弗兰克先生来说，学荷兰语要简单很多，他整天都在阿姆斯特丹到处跑，而孩子学语言就像小鸭子学游泳一样便捷。

一九四〇年的春天来了。冰雪初融,花摊上已经可以见到还沾着露水的郁金香、长寿花、黄水仙等等。就连我们这种节俭的人,都不会吝惜花上点钱时不时地去买一束鲜花。温润的空气和越来越长的白天都令我莫名地对欧洲时局充满希望。或许真的有希望呢?

我和亨克一有空就腻在一起。随着春意渐浓,亨克在我眼中好像也变得越来越英俊爽朗了。他的笑话也似乎更加好笑了,他的手臂似乎也将我的肩膀搂得更紧了。

四月六日,新闻里说希特勒再一次遭遇了刺杀。这个消息差点令我兴奋得喊出声来。刺杀又失败了,或许我盼望着,那些"德国好人"不会再错过下一次机会。

可是不久后,希特勒的军队开进小国丹麦,继而同样不费吹灰之力地占领挪威。占领这两个国家几乎不费一枪一弹。每个荷兰人对被瞬间侵占的恐惧感同身受,我们等待着接下来将要发生的事情。还好,我们逃过了一劫,得以继续享受这个春天。

第五章

那年五月的一个星期四的晚上，我蹑手蹑脚地穿过房间，钻进凯瑟琳娜旁边的被窝。那一夜出奇的温暖惬意。因为第二天大家都要早起去上班，所以我们惯常的卧谈在自责中结束了。

夜深了，我在沉睡中被吵醒，似乎听到一种持续的哼唱声。起初我不以为意，裹了裹被子继续睡去了，但那声音又来了，这次听起来好像还隐约混杂着雷声。我一直都没往心里去，直到凯瑟琳娜突然间将我猛地摇醒。在楼下，有人正在调着收音机的旋钮，里面传出叽叽喳喳的杂音。我的心开始剧烈跳动了。

我俩冲下楼去，和全家人一起试图了解究竟发生了什么，刚刚到底是什么声音。电台的广播含含糊糊的，那是德军的飞机？那么，它们为什么要向西飞行呢？有些人冲出街道，还有一些人爬上了屋顶，想看看是否有人知道究竟。远处的爆炸声似乎是从机场方向传来的。

破晓了，大家仍然不是很清楚现在的情况，有人想回去再睡一会儿。有消息传来说：德军穿着我们的军服从天而降，还有自行车、枪械和补给也被空投下来。大家都震惊了，因为没有人见过这样的阵仗。

我们一大群人聚在一起。只要有什么消息传来，大家就会口耳相传地散播开来。终于，威廉明娜女王那沉重而激动的声音从收音机中传来，她昭告全国，德军发动了对我国的进攻。祖国正遭到入侵，但我们将进行反击。

那天是星期五，一九四〇年五月十日。没有人知道该做些什么。像我一样的大多数人，都照常上班去了。

公司里的气氛凝重而震撼。弗兰克先生脸色惨白。我们一整天都在他办公室里围着收音机了解事态最新的进展。看起来，我们英勇的荷兰军队正在战斗，虽然军力悬殊，但是我们仍然不屈。这显然不是一个适合讨论的时间，我们静静地做着自己的工作。关于局势，我们无能为力，只能静观其变了。

亨克在午餐时间从他的公司赶了过来。我们抱在一起，害怕去想那些可能将会发生的事。那天空袭警报响了好几次。我们只是怔怔地等待解除警报的笛声，因为我们这个区根本没有防空洞。还好，最终也没有落下炸弹，没有战斗，也没有军人出现。

一些谣言也在流传：诸如德军士兵装扮成护士、农夫、修女和荷兰渔夫等形象空降下来等等。收音机里隔一段时间就会呼吁一次，叫人们留在家里；并且倒掉家中所有含酒精的饮料，为了保护妇女不受德军侵犯。人们涌向商店，尽其所能地购买大量的食物。

开始实施八点钟宵禁了。我们被要求为所有的玻璃都贴上纸条，为了防止其在破裂时碎片横飞，还有购买不透光的纸张来贴住窗户。我都照做了。

我几乎每时每刻都俯在收音机前。消息听起来扑朔迷离。是不是我们的军队已经击退了敌人？是不是像传闻说的，荷兰政府已经派了一艘轮船，去艾默伊登港接犹太人撤去英国？是不是有好多犹太人自杀了？剩下的犹太人坐着他们购置的船只航行去了英国？

这种迷茫的状态持续了好几天，直到周末也是这样。任何一点消息都会像星星之火一样弥漫开来。我们听说阿默斯福特镇附近发生了激烈的战斗，那里的农民都已经疏散了，奶牛都被丢在牧场上。牛群发出阵阵哀号，因为已经好些天没被挤奶了，它们的乳房都涨得快要爆裂了。

很快，最坏的消息传来，女王家族还有中央政府已经趁着夜色流亡到英国去了，他们还带走了荷兰国库里所有的黄金。沮丧的气氛弥漫在人群中。后来又有传闻，朱莉安娜公主的丈夫伯恩哈德王子，已经秘密回到荷兰，在泽兰组织抵抗军。

这场战争来得快，去得也快。五月十四号晚上七点钟，温克尔曼将军在电台里宣布，德军已经用空袭摧毁了鹿特丹；因为大堤有多处决口，全国各处都被淹；德军更威胁说如果荷兰继续抵抗，就将轰炸乌特勒支和阿姆斯特丹。为了避免更多的生命和财产损伤，将军宣布，我国向德军投降。他要求我们大家保持冷静，等候进一步的指示。

如同夜行贼一样，德军侵略了我们。而现在，转瞬之间，我们的世界已经不复存在。诡秘焦躁的情绪笼罩着我们，我们静观着事态的发展。在等待中，我们怒火中烧，大家已经失去了自由，没有比这更坏的事情了。

一些人开始着手将反纳粹的报刊，和那些英文书籍以及字典焚毁，以免成为德军口实。一时间，人们开始怀疑自己的朋友和邻居，想搞清楚哪些人一直以来都同情纳粹，哪些人可能成为纳粹的奸细。我们曾经都对那些可疑的人物说过些什么？

德军开始出现在阿姆斯特丹的街头巷尾。军人在阿姆斯特丹街头列队行进，趾高气扬，军装严整，头戴钢盔。人们骑在别人的肩头上，一簇一群地站在路边。在春日的阳光下，德军正举行着宏大的入城式，整队的步兵，还有坦克、机械化装备，乌压压地行过伯利奇大桥，开向达姆广场。

而路边大多数荷兰市民的脸上都是那种难以描述的木讷表情。那些荷兰纳粹分子，从他们的狗洞里冒出来了。他们欢呼、招手，欢迎德军入城。像我和亨克这样的人，转过头去不忍心看。在我们看来只有两种人：那些"对"的人，他们忠诚于荷兰，无论如何都反对纳粹到底；那些"错"的人，他们要么同情纳粹，要么私通外敌。这两者之间并不存在中间立场。

生活看起来仍和往常差不多，我们公司的生意继续保持着良好的势头，一整天我们都只是静静地工作。办公室里，每隔十五分钟，就能听到街尾西教堂钟楼上传来的钟声。那个教堂全由红砖砌成，有着高大的屋顶。据说画家林布兰特就安葬在那里。那钟声在运河边街道两旁的榆树林里回响。

我们刚搬来王子运河街的时候，我就发现这钟声是每隔十五分钟敲一次。听到钟声，我就会停一停手头的工作，向窗外看一会儿，通常都是在看那些向河道里俯冲捕食的海鸥。然后，我又回到我刚刚的工作中去。很快，搬来几周后，教堂的钟声已时常被我忽略，沉入周遭的环境中去了。

有一天，弗兰克先生看上去很高兴，他将我带到一边，告诉我说他看到广告上写着有房出租，就在我们这个街区，亨泽街二十五号，问我和亨克是否有兴趣。

第二天早晨，上班前，我先和弗兰克先生会合，然后我俩一起来到一座楼房前。这座房子坐落在一条安静的街边，和弗兰克先生家所在的梅尔温德街只隔了两个路口，看上去跟其他房子没区别。出租的房间就在一楼。弗兰克先生按了门铃，然后我俩站在门口等着。出来应门的是个娇俏的女士，深色头发，身材丰腴。她是萨姆森太太。弗兰克先生礼貌地说明了我们的来意，大家都互相握手问候。我们意识到萨姆森太太也是位犹太人。然后她让我们看了那些房间，并告诉我们这些房子突然空出来的原因。她是个健谈的人，一路都话题不断。

看起来萨姆森太太有个女儿，结了婚，住在希尔弗瑟姆，距离阿姆斯特丹只有几英里。在德军进攻的那天，女儿女婿，还有他们的孩子决定逃去英国，和其他想要逃难的人一样，都去了港口城市艾默伊登。

萨姆森太太的丈夫是个摄影师，战争开始那天他正好在一所学校为那里的孩子拍摄肖像，回到家已经是夜里了。当他听说晚辈们的决定后很是懊悔，因为他来不及在女儿走的时候和他们见上一面。所以，萨姆森先生后来决定去一趟艾默伊登，试着找到女儿和女婿一家，跟他们告别。

他并不知道他女儿一家根本没挤上那天的轮船，已经被迫回到了希尔弗瑟姆。萨姆森先生上了一艘轮船去寻找孩子们，却下不来了。消息传到萨姆森太太那里，她先生反而去了英国。

现在萨姆森太太孤身一人住在公寓里，她无从知道自己是否能够再见到丈夫。她害怕一个人住，所以打算将一些房间租出去。

我立刻就告诉她说我们愿意租下她的这些房间。我和亨克可以马上搬进去。萨姆森太太感到很是宽慰，因为毕竟在这样的时局当中，能和我们这些身强力健的年轻人住在一起，好歹会多些安全感。

我和亨克搬进了萨姆森太太的家。我们刚刚搬进去的时候，对她说我俩是夫妇，没过多久后我们就以实相告了。我们告诉她说，希望很快就能结婚。这非常的时局，往往可以迅速催生出特殊的计划。

德国军机在我们头顶轰鸣的那些日子里，有消息传来说卢森堡、比利时也已像荷兰般轻易地落入了希特勒的手中，德军进犯法国，战斗正在继续，而一个叫温斯顿·丘吉尔的人接替了内维尔·张伯伦，成为新任英国首相。

在比利时，国王利奥波德三世已经向纳粹投降，并落入了他们的手中。渐渐地，我们明白威廉明娜女王平安地流亡英国，要好过落入敌人之手。她在英国广播公司电台里动情地向我们所有荷兰人昭告，她将在英国领导流亡的自由荷兰政府，直到击败德国人为止。她请求我们保持镇定，不要失去信心，用尽我们力所能及的各种方法去抵抗纳粹，总有一天，我国将会再次成为一个自由的国度。

五月底，一个叫阿瑟·赛斯·英夸特的纳粹分子被希特勒任命为荷兰总督。此人生于奥地利，去年德国吞并了奥地利后，他成了该国的总理。赛斯·英夸特看上去是个结实的人，上镜率极高，总是戴着锃亮的眼镜，走起路来有点瘸。我们自然都没有将他放在眼里。

到了六月，纳粹的万字旗已经在埃菲尔铁塔上飘扬了。德军像洪水一样横扫欧洲大陆，看起来锐不可当。希特勒的常胜部队占领了欧洲大部分地区，北到挪威的北极圈冻土，南至法国的温润酒庄，东及波兰、捷克，西抵北海边属于我们的荷兰低地。试想英国人面对这样的形势，如何能够独立支撑？不过丘吉尔先生在电波中呐喊，英国可以，并且将会做到。英国是我们唯一的希望了。

直到进入夏天，阿姆斯特丹的生活基本如常，看上去和战前几乎没有丝毫改变。栗子树开始结果，夏日的太阳一直到晚上十点才会落尽。我和亨克带着那些为数不多的家当，慢慢地开始完善属于我们的那两间房间。那里有现成的家具，不过得和房东共享厨房和浴室。

那是我第一次自己做一餐真正意义上的饭，发现自己做饭还是有一手的。亨克对此很是开心，我也一样。生活看起来真的几乎没有改变，除了我看到坐在露天咖啡座内的德军，或者看到德国警察。因为那些警察穿着绿色的制服，也被我们叫作"绿警察"。除了这些，我们的生活重心还是和原来一样。我会收起脸上那些令人费解的表情，继续做我该做的事情。

德国人尝试用亲民的方法争取民心。无论是他们所谓的友善，还是那种自信的氛围，我都不为所动。我只是尽量避免和他们有那样的接触。这倒不太难，因为在我们这里并没有太多的德军。

官方广播电台现在除了播放德国音乐就不再有其他任何节目了。电影院也只是放映德国电影，因而我们不再上那儿去了。收听英国广播公司电台被认定是违法的，不过这对我们来说不起作用，因为我们所有的希望和鼓舞全都来自那里。

后来，在六月底的时候，每晚都可以听到橙色广播了，那是来自伦敦的荷兰流亡政府的声音，如同荒漠甘泉。因为这里所有的报纸都只刊印德国新闻，我们无从知晓外界的情况，大家都渴望得到新的信息。尽管违法，我们每晚都围在收音机前倾听橙色广播。

除了他们长期以来的忧虑，我们身边的犹太人倒也没有遭到区别对待。到了八月，那些德国来的犹太难民接到通知，要去外国人事务部登记。他们都照做了，没有受到伤害，仅仅是去登记，仅此而已。

电影院在放映反犹新闻片，叫作"永远的犹太人"，不过因为我们已经不再去电影院了，所以我和亨克都没有看过这个片子。那些德国人不愿意看到的书籍已经被清除出了图书馆和书店。有传闻说，他们正在修改学生的教科书，以符合他们的意识形态。

到了八月，希特勒派出了成百上千的轰炸机飞越英吉利海峡，去轰炸英国本土，机群一波接着一波。我们每天都可以不断听到远处传来的飞机轰鸣声。有时候，当我们听到英国皇家空军的轰炸机向东飞行时，大家的心都会随之兴奋起来，特别是当英国广播公司报道说皇家空军正在空袭柏林的时候，我们更是心潮澎湃。不过后来，我们的心又沉了下来，怒火翻腾。因为德国的广播报道中提到了伦敦大火，并且说不列颠王国已在投降的边缘。

进入九月，希特勒的纳粹空军开始在夜间飞行。这种预示死亡的轰鸣声成了我夜晚入睡的背景音乐。我按照要求，入夜后就用不透光的纸贴住了窗户。这样的夜晚让人压抑到快要窒息，整个房间伸手不见五指，更不用说透进月光来了。

有成千上万的荷兰人穿过边境，去德国的工厂做事。其他的一些荷兰人去了德国人在比利时和法国的公司工作。各种色彩抢眼的海报开始在街头巷尾出现，其内容无不是邀请荷兰工人去德国工作的。这类海报往往都是以面色潮红的典型雅利安人头像为主题。

那些肮脏的荷兰纳粹，往往被称为 NSB（国家社会主义运动）分子，与德国纳粹合流了。他们因此获得了各种好处和特权，而我们对这些毒蛇往往敬而远之。因为，我们不是总能分辨"好人"和"坏人"，所以我们从不在没有把握的人面前谈及战争这个话题。最近，有时候我们去购物，发现商店几乎都半空了。因为，德国人开始将我们的食物运回他们的祖国。

犹太人的沮丧感在一九四〇年秋天显得更重了，因为所有从事公职的犹太人都被要求放弃他们的工作，包括公务员和教师、教授、邮递员等从事公众行业的员工，他们继而开始了抗议。而其他人，像我和亨克这样的，都必须签一份叫"雅利安声明"的文件，以表达"我不是犹太人"的信息。我们对这样的命令感到十分震惊、愤怒和羞耻，因为有这么多有尊严和学识的民众，被这卑鄙的法令排除在大众之外。

公司里面的生活丝毫未变，除了我们将那只猫的名字改作——莫菲，这也是我们平时对德国人的通俗叫法。莫芬是一种小肥猪形状的饼干。因为我们那只猫出了名地喜欢偷邻居的食物来吃，就好像德国人偷我们的食物带回去一样，所以"莫菲"看起来是个不错的选择。

弗兰克先生和范丹先生都尽其所能地隐藏他们的惊恐和沮丧，每个人都尽量照着平常的样子和他们相处。不过，到了一九四〇年十月二十二日，一道法令指示我们公司需要和其他犹太人企业一起注册，或者增加一个以上的犹太合伙人。

这是一个阴险的起点，随着漫长黑暗的冬季的来临，套在犹太人脖子上的枷锁越箍越紧了。一开始，公司里所有的犹太人都要去人口普查处登记，每人收费一元荷兰盾。大家都取笑说德国人这么做根本就是为了要钱。后来，有传闻说，在海牙，那是距离阿姆斯特丹不到三十五英里的地方，公园的长椅上和其他一些公共场所开始出现反犹标语，上书"犹太人免进"或者"此处不欢迎犹太人"。这样的事情难道会出现在荷兰吗？

随着阿姆斯特丹爆发反犹运动，一切答案尽在不言中。犹太人和纳粹分子之间的暴力冲突开始出现在老犹太小区，就在那个我原来常去的市集附近。德国人就以此为理由，收起了该小区连接外界的那些吊桥，并且用标志牌将这个地区区分开来。一九四一年二月十二日，荷兰的纳粹报纸报道说，那些有着尖牙的犹太人好像吸血鬼一样，撕开德军士兵的脖子，去吮吸他们的血。纳粹谎言的肤浅和邪恶令我们十分震惊。

不久后，我们所在的南阿姆斯特丹小区，也爆发了几起发生在犹太人和纳粹分子之间的暴力争端。其中的一起发生在一家位于莱茵街上、名叫可可的雪糕店里。据称那里有些犹太人向德军士兵头上倾倒氨水。

二月间，德军在老犹太小区抓捕了大约四百个犹太男性。有谣言传来说，那些人被迫去做一些带侮辱性的事情，诸如要在德军士兵的双腿间屈膝爬行，然后要在步枪的指吓下围成一圈，再被卡车拉走。他们被运到一个叫毛特豪森的地方，那里尽是监狱。不久后，有消息传来说这些人已经遭遇"意外"死亡了。家人们接到的死亡报告上称他们的亲人不是死于心脏病就是死于肺结核。没有人会相信这些显然是编造出来的意外死讯。

荷兰人不会轻易动怒，不过当他们被惹怒的时候，将会怒浪滔天。为了显示荷兰人对纳粹反犹暴行的强烈愤慨，我们在二月二十五日发起罢工。为了让我们的犹太同胞知道，我们对他们的遭遇表示深切的关注。

在二月二十五日那天，我们将所有的愤怒都发泄了出来。所有的公共交通和工厂都停止了运作。罢工是由我们的码头工人最先发起的，其他各工种的罢工随之而来。在被德军占领以前，荷兰有形形色色的党派和政治团体，但是现在，转瞬之间，他们的诉求拧成了一股，就是：反抗德军。

二月份的罢工，整整持续了三天。我听说，经过那次罢工，犹太人的士气大振，人人都能感受到团结的力量。危险吗？当然，但是能够反抗压迫令我感到十分快乐。不过罢工一过，纳粹就开始了他们的血腥报复。

我和亨克已经有段时间没有去弗兰克先生家了。我们都很替那些犹太朋友担心。我被一种深深的后悔吞没了，我们竟然如此天真地相信希特勒这样的无道昏君会去尊重我们的中立国地位。面对弗兰克夫妇和他们两个女儿的境遇，剧烈的痛悔之情折磨着我和亨克。难道我们的犹太朋友们只能去美国和加拿大了吗？事实上，弗兰克太太的两个兄弟已经去了美国。

当我们再次探访弗兰克一家的时候得知，自从德军占领以来，因为焦虑，玛戈那原本就羸弱的体质变得更加不济了。虽然她经常生病，但还是尽力做到不让任何无关的事情搅扰她的学业。她甜美、沉静的性格盖过了她的恐惧。

与此同时，安妮成了全家最外向的人了。她总是真诚地谈论着周遭所有的事情。她能够察觉到外界局势的演变，因此对于犹太人所遭受的不公平对待，总是义愤填膺。

在安妮对诸如电影明星、女生玩伴等众多的兴趣之外，一个全新的话题开始吸引她的注意力了——男生。她总是喋喋不休地谈论着他们，那些年轻的异性伙伴。

外界发生的那些骇人听闻的事件，仿佛成了安妮成长的催化剂。一夜之间，安妮好像迫不及待地想要了解和尝试所有的事情。从外表上看，安妮还是纤细娇小、活泼可人，并不像个已经十二岁的姑娘，但是她的内心，已经一夜长大，有着超越她年龄的成熟。

出乎意料，我收到一张由德国领事馆发出的传票，恐惧伴随着一种不祥的预感向我袭来。

那天我一身正装，亨克陪我一起去位于博物馆街的德国领事馆。这是一座豪华贵气的大厦，就在靠近莱茵博物馆的街上。那里的整个环境都散发着一种凶险的气氛。

我和亨克向大门走去，不过被勒令停下来，他们来询问了我俩的职业。我出示了我收到的传票。经过仔细地检查，我们径直穿过大门，下了一条走廊，来到一扇门前。我紧紧地挽着亨克的手臂。

大门虚掩着。在我们进门之前，再次遭到盘问。我也再一次出示了传票。我可以听到一个响亮凶恶的声音从门后面传来。心里有一个声音在告诉我说，接下来将要发生很不愉快的事情。我将亨克的手臂抓得更紧了。

我被叫了进去。亨克想要和我一起进去，但是被卫兵伸手拦住，告诉他说："等。"

我独自进去了。

到了里面，当我出示我的传票时，长官没有一点想要讲礼貌的意思。他命令我出示护照，瞥着我看，鄙夷得好像我是个肮脏的污点。我将护照呈交给他，心在狂跳着。他接过护照就走了。

这样的等待令我感觉到时间仿佛没有终结。所有可怕的想法像走马灯一样在我脑海中旋转。他们或许会将我遣送回维也纳。那么我就再也不能够见到我亲爱的亨克了。又或者，他们会尝试拉我加入荷兰纳粹党。那么我在维也纳的亲戚们就惨了。

其间，一个官员从后面的办公室走进来，对我上下打量了一番，什么也没有说就又出去了。又过了更长的一段时间，又有另外一个官员过来打量我。我猜他们打量我是出于疑惑，因为像我这个年纪的、来荷兰待了一段时间的德国女性往往是做女佣的，而我看起来一点也不像。所以他们在试图找出个中原因。

最后，一开始的那个官员将护照递回给我，他问我是否真的曾经拒绝加入某个纳粹女子社团。我想起数月前来过我家的那个年轻女子。我回答说："是的，确实是这样。"

他用冰冷的眼光看着我，并把护照还给了我，冷冷地说："你的护照已经失效了。你必须在三个月内回维也纳去。"

我打开我的护照。一个大大的黑色 X 已经被他印在显示我护照有效期的那一页上。我的护照确确实实地失效了。

我不知所措，我去了属于警察局的外国人事务部，就是我以前每年都要去一次的地方。那个部门在 O.Z. 阿赫物伯格沃街。这么多年来，他们对我都很友善。我向那里主管外国人事务的警官询问我该怎么做，并将我在德国领事馆的遭遇向他和盘托出，把我的护照也拿给他看。

他带着同情的表情听我说着，并仔细地打量着那个大大的 X。他难过地摇了摇头："我们生活在一个已亡之国。我们对此也帮不上什么忙了。我们根本没有权力。"

他挠着头，又想了一下："我唯一可以给你的建议就是回到德国领事馆去做一场戏，痛哭流涕地说你当时并没有拒绝加入那个纳粹女子社团。"

我挺直了背脊说道："绝无可能。"

"那么其他我可以想到的唯一办法就是和一个荷兰人结婚。"

我告诉他我恰好在筹划婚礼呢。

他还是摇着头："不过，你还是需要提供由维也纳开具的出生证明才能结婚。"

我和他说我在维也纳还有些亲戚，也许他们能帮上忙呢？他继续摇头，指着那个大 X 旁边的日子说："这也不可行，你只有三个月的时间去取得你的出生证明。就算是在平时，想要拿到一份法律文书，也需要一年左右。而现在显然非比寻常了。"难过的神情悄悄爬上了他那圆圆的荷兰面孔。

我跑回家，马上写信给我在维也纳的安东叔叔。"请把我的出生证明寄来！"我请求他，并迅速将信投递出去。

然后我就开始等待回音。

在我等待叔叔回音的那个春天里，德军仍然继续保持着他们的军事优势。广播里充斥着隆美尔将军在北非告捷的消息，而且德军就快打败希腊和南斯拉夫了，而匈牙利、保加利亚和罗马尼亚已经像我国一样被完全侵占了。我，还有其他那些像我一样的人们，都倾心于每一条从英国广播电台或者橙色广播中听到的好消息：任何盟军的正面军事进展、所有由游击队发动的破袭行动。这种地下的抵抗组织正渐渐地在荷兰和其他各国涌现出来。

希腊在一九四一年四月投降了。报纸上刊登了在雅典卫城上飘扬的纳粹万字旗的照片，就像它去年征服法国时那样。

与此同时，新一轮的反犹运动开始兴起。突然之间，犹太人被禁止住宾馆，不能出入咖啡馆、影剧院、餐厅、图书馆，甚至连公园都不能去。最过分的要求是，要收缴他们的收音机。他们需要自己花钱，确保所有的收音机可以正常工作，然后将他们上缴给警察。没有了这条和外界相连的生命线，他们的生活简直难以想象，因为广播是一切新闻和所有希望的来源。

最终，我收到了安东叔叔的回信。不过他在信中说，若要开具出生证明，就需要我寄回我的护照。"请马上寄来。"他说。

我知道，这条路算是断了。因为如果我寄了出去，那么他马上就会知道这显然是一本已经失效的护照。我不能让安东叔叔知道这件事，不然让人知道他和一个曾经拒绝加入纳粹组织的人联络，他会惹上麻烦，我其他的亲戚也会有麻烦的。

弗兰克先生自然知道最近在我身上发生的这些事。虽然他的处境很糟糕，但他总是会满怀同情地听我诉说我所遇到的这些麻烦。我很信任弗兰克先生，所以我将这件事的最新发展都和他详细交代了，现在就说到了安东叔叔的来信。他静静地听我说完，仔细地想了想，又和我一起研究了一下我那本失了效的护照，之后大家都失望地摇起了脑袋。

突然，弗兰克抬了抬一只眼皮。"有主意了。"他说，"你为什么不去复印护照的第一页呢？只有这一页才有你的照片和纳粹德国的万字戳印。然后，把复印件寄去给你在维也纳的叔叔。告诉他，叫他就拿着这个复印件去市政厅。因为这个足以证明你拥有护照。并且告诉他，你不能够将护照的正本寄上，就是因为荷兰最近的局势，没有护照就不能出门了。"

我们两个"阴谋家"互相看了看对方："或许能行？"

我照着弗兰克先生的建议去做了。时光飞逝，我和亨克急得像两只关在笼子里的松鼠一样，不过大家都在竭力隐藏自己的感受。命运若真的要我被迫离开荷兰，那对我来说，简直比死还难过。

在我日复一日地等待着安东叔叔的消息时，又有新的反犹政策出台了。从现在开始，犹太人医生和牙医不再能够接收非犹太人的病人了。我对此全当耳旁风，仍然去找杜赛尔医生为我看牙。此外，犹太人被禁止在公众泳池下水游泳，我在想，夏天的时候玛戈、安妮还有她们的朋友们要去哪里消暑呢？

这里的犹太人被要求购买《犹太周刊》，针对他们的新政策都会在那里公布。也许德国人以为这样我们这些基督徒就不会知道犹太人的处境了。不过，纳粹实施每一项新措施的消息都会迅速传开。与此同时，一些反纳粹的册子和报纸也悄悄地开始流传起来了。虽然不是什么合法出版物，但也为我们带来了新鲜的气息，仿佛成了这个充满谎言的环境里的解毒剂。

安东叔叔的回信到了。信上说："我拿你护照的复印件去过市政厅了。那里到处都是些以纳粹方式互相问候的年轻人。他们一下叫我去找这个人，一下又叫我去找那个人，一下要去这里，一下又要去那里，最终还是没能解决问题，我就悻悻地走了。不过我还没有放弃希望，我还会再去一次。如果还是没有结果，我就直接去找维也纳市长！"

这些话把我吓得不轻。因为，如果安东叔叔真的这么做了，那么他们就会发现我因为拒绝加入纳粹组织而被吊销了护照，那么安东叔叔就会因为帮我而陷入险境。这太可怕了，不过更可怕的是，剩下的时间已经不多了。

到了六月，当一切看上去快要失控的时候，我收到了安东叔叔寄来的第三封信。我几乎是屏住呼吸将它打开的，信上这样写道："我又去市政厅试了一次。这次在办公室里的是个上了年纪的女士。我告诉她我有一个外甥女在阿姆斯特丹，就快要和一个荷兰小伙子结婚了，请求她是否可以帮忙开具出生证明。不过，这位年长的职员打断了我，说：'告诉你，我对阿姆斯特丹的印象是如此美好，因为我在那里度过了无数如痴如醉的假期，你在这里等等吧。'她转身离开了房间，不过很快就拿着你的出生证明回来了。我亲爱的外甥女，现在随信附上你的出生证明。愿上帝保佑你和你的荷兰爱人。安东叔叔。"

那信封里还放着细心折叠着的我的出生证明。

我公司里的每个人听到这个好消息都高兴极了，欢呼雀跃。我特别向弗兰克先生道谢，因为这毕竟是他的点子。他倒是比较平静，对我说："我替你和亨克感到很高兴。"

埃莉给了我一个拥抱，所有人都靠过来，想要看看那份费尽心机才得到的文件。我感觉像被欢乐环绕着。

然而，当时的快乐在我和亨克奔向阿姆斯特丹市政厅选结婚的日期时，已经消失殆尽。因为，我们被告知，如果一个荷兰人要与外国人结婚，那么他配偶原先的外国护照必须上交市政厅。再看看我那本过期的护照，还有上面那个大大的 X，我们都很无奈。而且，如果市政厅的办事员是个亲纳粹分子，那我就将遭到遣送。

我们选日子的时候，心都跳到嗓子眼了，最终我们将日子定在一九四一年的七月十六日。那天究竟会怎样，就顺其自然吧。

七月十六日那天的天气真好，阳光普照，美丽得就像故事书里所描写的阿姆斯特丹的夏日一样。我穿着最合身的那件外套，戴着帽子，亨克则穿着一套上好的灰色西装。因为那天是我们结婚的日子，所以我们没有骑自行车，而是决定搭电车，那辆开往水坝广场的二十五号电车。一路上我都惦记着那个大大的 X，还有那本已经失了效的护照。我和亨克对此都不能释怀。

当电车驶近的时候，可以看到广场上的喧闹景象，到处可见成群的鸽子、骑自行车的人们，还有那些赶着路的上班族。面对这种景象，我下定决心，无论接下来将会发生什么事，就算我被交给德国人遣返，甚至面对更糟的处境，我也绝对不回维也纳。绝对不，绝无可能。如果真是那样，我会在第一时间躲藏起来，变成一个潜逃者，转入地下，销声匿迹。总之，我是绝对不会回奥地利的！

那天，弗兰克先生让公司休业一天。正当我们在市政厅等叫号的时候，亲友们陆陆续续到了。人群中有我的养父母、房东萨姆森太太、埃莉·沃森、范丹夫妇。范丹太太那天戴了一顶漂亮的卷边呢帽，穿着一套短裙礼服。

因为玛戈和弗兰克先生的岳母都在，所以弗兰克太太就留在家里照顾她们，而安妮和弗兰克先生则一道来了。头戴礼帽、身穿深色西服的弗兰克先生看上去英气十足。同行的安妮看上去又长大了许多，穿了她那件公主式的外套，搭配一顶礼帽，帽檐上还衬了条丝带。她的头发越来越长，梳得很好，看上去亮泽得很。

在我们等待的过程中，大家都焦急得像热锅上的蚂蚁。如果有一群人会同时屏住呼吸的话，我想那就是我们了。因为他们都很清楚我所面对的危急处境。

安妮拉着爸爸的手，靠在他身边坐着。她的眼睛在我和亨克之间来回扫视着。也许是因为这是她第一次出席这种浪漫的场合，而我们是她第一对亲眼所见的新郎和新娘。我在她盯着亨克的眼神中可以看出，她觉得亨克一定是个风流倜傥的人物。或许她也是这样看我呢？婚礼在一个十二岁的小女孩看来是最为浪漫的。

我们大部分的亲友和其他新人的亲友们一样，都是站着等待着。叫到名字的新人就过去登记，越来越多的亲友纷纷沓来。终于叫到我们的名字了，我们向前几步来到柜台前。我俩的亲友们像一堵墙一样，挤在我们的后面。里面的职员伸出手来，问我们要证件。

亨克递上了他的证件。那个职员看了一眼，做了个记号，然后抬起头来说："请出示新娘的证件。"

　　我当时的心像被一个拳头攥紧了一样，简直就要捏碎了。那真是个可怕的情形，对此我很清楚，亨克也很清楚，亲友们都很清楚。那一刻，大家都静默无声了。

　　在此之前，我一直将护照紧紧地抓在手里。这时我放开了紧握的手，将它递了过去。所有人的目光都聚焦在职员脸上了，试图从他面无表情的神态中读出他的政治倾向。他打开护照，用拇指按住，快速地翻了一次。不过整个过程中，他都只盯着亨克打量，既没有看我，也没有看我的护照。在一眼也没有看我护照的情况下，他说："没有问题。"

　　握在我心口的拳头松开了，我感到全身都在震颤，膝盖发软，连声音都变了。

　　当我们这一小群人移步去隔壁举行结婚仪式的房间时，我的思绪却还停留在刚刚的震荡中。因为我们几乎没有积蓄，所以我们选择了最省钱的婚礼形式。亨克和我还有其他两对新人在两侧站开。主礼的职员开始先向我们三位新娘宣读婚盟誓词，"……你必须顺从你的丈夫……"——就是平常新娘应该说的那种誓词。不过我什么也没有听见。脑海中只听到那甜美而雄壮的鼓声，仿佛边敲边在说："我是荷兰人！我是荷兰人！我是荷兰人！"

　　突然，脑海中激越的鼓声被打断了。有人正在扯着我的袖子呢，那是亨克。所有人的眼睛都盯着我呢。亨克那蓝色温柔的眼神填补了我脑海中刹那的空白。"是的，"我脱口而出，"我愿意，我愿意。"

　　人们看上去都松了一口气。

　　从市政厅出来，我们这一行人走到大街上。甜美的夏日阳光洒下来，心里的欢乐似乎就要满溢出来。安妮也已经忘记了她那少女的矜持，跳上跳下的。大家的目光都是那么柔和。我们互相拥抱着，亲吻着，用力地握着手，连从旁经过的陌生人也被我们欢乐的气氛吸引。我们找来一个街头摄影师来为我们拍照，照片将来可以放进纪念册里。

　　我兴奋到已经抛开了荷兰新郎拿结婚证书的婚礼传统。我是如此开心，以至于整个下午都紧紧地抱着我们的结婚证书。因为亨克，我成为荷兰人的梦想终于得以实现了。更重要的是，这种欢乐来自我对亨克的真爱，他就是我的梦中情人。

安妮对我们的结婚戒指很感兴趣，她一副如痴如醉的样子，看着那戒指。我敢肯定她在想象有一天自己也会和一个像亨克这样高大英俊的男人结婚的。不过因为时日艰难，我们俩只有一个结婚戒指，虽然按照传统上说，应该一人戴一个。可我和亨克好不容易才挤出能够打造一个金戒指的钱。亨克坚持要我戴着戒指，我们说好在这段艰难的日子过去以后再买一个戒指给亨克。目前来看，只能这么办了。

朋友们还在揶揄我在婚礼仪式上的迟缓，竟然忘记回答是否愿意嫁给亨克这个最为重要的问题。我告诉他们说，当时我脑海中唯一的想法就是那个已经渴望了许久的荷兰身份。"这也可以算得上是对德国佬的一种胜利，不是吗？"朋友们爽朗地笑着。

因为我和亨克要去我养父母家里参加家庭聚会，来观礼的人们就此解散。弗兰克先生告诉我说，他明天早上会在公司为我们举行一个派对。

"没这个必要啦。"我对他说。

不过，他是不会接受我的反对意见的。

"我也会来。"安妮带着灿烂的笑容宣布说。

第二天一早，我们的办公室变成了一个派对场。我们公司的旅游代理商带来了肝泥香肠、烟熏牛肉片、意式香蒜肠，还有芝士。所有的食物都摆在了盘子里。大家都已经很久没有见过这么多肉食了。"太多吃的了。"我对弗兰克先生说。

"别傻了。"他笑着说，就算时局艰难，也要来庆祝一番吧。

安妮穿着夏天款的连衣裙，看上去非常高兴。她忙着帮忙将食物摆放到盘子上，还有切面包、涂牛油等等。我们都沉浸在愉悦的气氛中，因为我们当中看起来并没有人做过些什么去反抗侵略者，所以我这次的胜利来得格外甜蜜。

　　安妮和埃莉一个接一个地传递着铺满食物的盘子。我们每个人都吃饱喝足，大家举杯祝酒。我被这样的款待深深感动，要知道在如此艰难的时局之中，大家想办法找出这么多东西绝非易事。安妮送给我们一个从家里带来的银质餐盘。范丹夫妇给了我们一个手柄雕花的水晶杯。萨姆森太太拿来了一个陶瓷的盒子，顶上有条银制的鱼。那天我们还收到了其他各种礼物。

　　我意识到安妮是如此认真地盯着我和亨克，她被我们浪漫的爱情故事深深吸引着。她把我们这对新婚的普通荷兰夫妇，当成了电影明星。

第六章

　　一整个夏天都不断传出针对犹太人的新的歧视政策。首先，在一九四一年的六月三日，只要曾在人口普查中填写其有两位或以上的隔代血亲是犹太人，那么他们的身份证上就会被加上一个"J"字母。每一个荷兰人，无论是犹太人还是其他普通基督徒都被要求随身携带身份证。

　　人们议论说，我们荷兰人，特别是那些在荷兰的犹太人，为什么愚蠢到要照实填写人口普查表呢？现在，我们就好像被戏弄了一样，德国人准确地知道了所有在荷兰的犹太人的姓名和住处。当"J"政令颁布的同时，惩戒措施也出台了，凡是没有在人口普查中清楚登记的犹太人将入狱五年，并充公其所有财产。反抗的犹太人被送去毛特豪森后不是失踪就是死亡的教训依稀还留在每个人的脑海中。

　　有一些针对犹太人的歧视政策很可笑，比如禁止他们饲养鸽子。此外也有一些毁灭性的政策，比如冻结犹太人在银行里的存款和银行保险箱内的财物。犹太人不再能够随意地动用这些财物。我们逐渐意识到，一种慢慢勒紧项圈的态势开始形成：先使之孤立，再使之穷乏。

　　在此之前的各种反犹行动中，犹太儿童看上去暂时还没有受到干扰。但是现在轮到他们了，他们被禁止和非犹太孩童一起上学。犹太孩子们只能去犹太学校，交由犹太老师管理。安妮和玛戈是如此喜欢她们原来的学校，我想她们俩一定会心碎的。

　　为了应付新的政策，阿姆斯特丹一时间出现了好多纯犹太学校。

一九四一年九月，安妮和玛戈开始去犹太中学上学了。我们看见大量的成年人挥舞着他们仇恨的鞭子，那些德国猪最擅长搞这些了。现在这鞭子就要打在手无寸铁的孩童身上了，简直糟糕透了。

每当看到我们的犹太朋友所遭受的苦难，我和亨克只能默默咽下内心的愤怒。在他们面前，我们尽量表现得和以往一样。但是每当夜晚回到家里，我们胸中的苦闷和怒火就排山倒海袭来。虽然我和亨克无法丈量这种苦涩的耻辱感，但是它确确实实在搅扰、啃噬着我们。

秋天来了，白天开始变短。德国人在六月就已经入侵了苏联，并在这个广袤的国度里横冲直撞，似乎势不可挡。这个季节，阿姆斯特丹经常下雨，天空也总是阴云密布的。商店里的商品更显紧缺了。我们公司也不得不开始囤积用于生产的人造香料、替代品和若干其他产品，因为我们经常会买不到真正的香料，以及那些我们原本贩卖的产品。那些人造香料通常都是些次级替代品。

我们的业务员在全国不断为公司送来新的订单。其中一些订单来自驻扎在荷兰各地的德国军队。每隔一到两周，我们的业务员就会带着新的订单回一趟公司，然后我们就会装货、付运。

每当那些业务员回公司交账的时候，也会一并带回许多他们在差旅途中的见闻。他们会讲起荷兰其他地方的境况和各种新闻。他们告诉我们说，荷兰全国各地，除了被军事占领外，人们的生活看起来依旧如常。不过德国人也在四处掠夺荷兰的资源——我们的煤炭、我们的肉类、我们的芝士，这些都被他们运出国境，带去德国了。

我在弗兰克先生家的周六聚会上见过卢因先生几次，他是弗兰克先生的朋友，德国难民。因为纳粹的关系，卢因先生已经不能再做药剂师了，所以弗兰克先生在公司里给了他几间空置的储藏室用来做实验。我从来没有去过那些房间，不过卢因先生出入他的实验室时，时不时地会在我们总务室门前聊一会儿他的实验。有时候他会展示一下在他那个临时实验室中制造出售的雪花膏。

一系列的反犹政策把犹太人从众多的职业和行业中挤了出去，不过到目前为止，弗兰克先生和范丹先生的公司都还没有被触及。至于弗兰克先生，自然也从未提起过他是如何处理那些被冻结在银行里的财物的。他总是能做他自己，从不误工，也不抱怨，绝少提起他的私事。

面对这样的局势，我们都对未来很紧张，生怕这些敌对政策会影响到弗兰克先生和范丹先生，还有公司的客户群。这就好像池塘里荡漾开去的涟漪，纳粹反犹政策的影响面变得越来越广，其强度也日益加深。没有人知道下一步将会发生什么。假如你是犹太人，你就会感到自己仿佛立于移动的沙丘之上，更为甚者，简直就是站在那流沙之中。

弗兰克先生是个敏锐的人。凭他的心思和直觉，一定可以察觉到自己作为一个犹太人所面临的处境，我相信他作出了明智的选择。不久后的一天，弗兰克先生找到亨克，说自己有些私事想和他谈谈。他们进了弗兰克先生的私人办公室详谈。

他们关上了办公室的门，弗兰克先生开口解释说，因为他是一个犹太人，所以这个身份实际上正在给公司里的每一个员工制造潜在的危险。他经过反复考虑，决定从公司总经理的位子上退下来。他的好朋友，库普休斯将会接替他的职位。

弗兰克先生还会作为顾问留在公司里，仍然由他来实际运营整家公司。唯一的变化就是在法律层面上，他将不再是公司的业主。

弗兰克先生继续解释道，他认为若要保护佩克塔康公司，就要将公司包装得看上去更基督教化一些。他询问亨克是否愿意成为公司名义上的法人代表，而克拉勒先生则将会是总经理。

亨克对此很是惊奇，他那古老的荷兰名字竟然因为具有基督教特色而成了弗兰克先生公司的保护伞。亨克表示很乐意帮助他，因为他很敬重弗兰克先生。亨克的基督徒祖先起码可以往上追溯五代。他告诉弗兰克先生，如果像他这种出身的人都不能证明其雅利安背景，那么没有其他人能够做到了。

　　针对这些人事变动的法律文书转换工作，很快就在各个相关部门完成了。从一九四一年十二月十八日开始，奥托·弗兰克就从他董事长的位子上消失了，对于他的雇员们来说，他成了公司的顾问。新的宣传单页和新的名片都已经印好了，佩克塔康公司改名为科伦公司。

　　公司里的一切还是照常进行，不曾有所间断。弗兰克先生还是每天都回来上班，还是坐在他的私人办公室里，所有的决策和指令依然由他发出。除了遇到上门临检或者写商业书信以外，公司在其他事务上和以前并无二致。写信的时候，弗兰克先生就会先把需要签名的地方留白，然后给库普休斯先生或者克拉勒先生去签上他们完全基督化的名字。

　　一九四一年十二月，我们都提起了劲头。美国在遭到日本人对其珍珠港的空袭后，对日及其盟友宣战；德、意两国作为日本的协约盟友，亦对美宣战。这简直令人难以置信：美国已经举全国之力和英国站在了一起，对付我们头上的压迫者。那个伟大的美利坚合众国，现在竟和我们并肩作战，去抵抗希特勒的法西斯。

　　从苏联传来的消息令我更加兴奋。虽然希特勒的军队在夏秋两季如洪水猛兽般横扫了俄罗斯，但是我们在橙色广播和英国广播公司的新闻中听到，俄罗斯寒冷、泥泞的冬季已经降临，而德军则因此陷入困境，停滞不前了。德国的广播则永远都和英国广播公司唱反调，他们说苏联的列宁格勒和莫斯科已经于围攻下倾覆在即，夺城指日可待。我们自然宁愿相信更接近事实的英国广播公司的报道。

　　到了一九四二年一月，居住在阿姆斯特丹附近小镇里的犹太人被命令马上搬离家园，搬进阿姆斯特丹。那些犹太人被告知要向警察呈交他们带去阿姆斯特丹的财物清单。然后他们需要切断自家的水电、煤气，并把家门钥匙交给警察。

　　我们听说这些人根本没有时间去找新的住处，没有时间去妥善处理他们的财物，更没有时间去收拾已经住了一辈子的家。他们只是带着包裹，推着手推车，甚至有些家庭带来的家当只有一辆破旧的婴儿车那么多。阿姆斯特丹充斥着这些流民，可是他们可以去哪里呢？

萨姆森太太的女儿一家也从希尔弗瑟姆回来了，带着两个孩子，一个三岁，一个五岁。一切都在突然之间，他们出现在萨姆森太太的家门前。迷失和惊恐是他们当时的状态，萨姆森太太当时也很错愕。该怎么做好呢？如何安顿他们呢？算上我和亨克租用的房间，整个公寓里也只有四间房。

我和亨克商量了一下，告诉萨姆森太太说我们很愿意腾出租用的房间，还给她的家人。我们没有跟她说其实我们自己也不知道此后何去何从。她一个劲儿地说："不行，不行，不行。"大家又再仔细地想了想，最终的结论就是，既然这里能住下三个人，那住上七个人也没问题。

萨姆森太太的女儿、女婿和孩子们共享一间房，她自己一间房，我和亨克一间房，然后我们像个大家庭一样，所有的人共享餐厅。虽然这样很拥挤，但也只能如此。每每在晚餐时，萨姆森太太的女婿总会竭力地说些笑话。他曾经是小提琴家，但是现在也已经丢掉了工作。虽然表面上看起来大家都被他的笑话给逗笑了，但是我们知道，这家人的心里已经被恐惧和紧张吞没了。

我和亨克竭尽所能地隐藏我们真实的自己，对于他们的恐惧和紧张我们只能装作视而不见。因为面对眼前的环境，无论我们做什么都于事无补。有时候我们会在晚上去莱茵街拜访亨克的朋友们，他们都是在我们结婚前曾经租过房子给亨克的房东们。我俩经常会在傍晚就去那儿，大家围坐在收音机前，聆听每一条英国广播公司和橙色广播为我们送来的消息。我们像极了饥渴的孩童，牛饮着这从遥远的他乡传来的广播，不放过一字一句。

丘吉尔首相的演说总是很能打动人，那充满激情的话语给了我们勇气和力量，在国土沦丧的情形下继续忍耐。坚信再等一天，再等一周，再等一个月，甚至再等上一年，终有一天我们将大获全胜。广播里还说美国已经研制出了一种新的炸弹，它将会在两年内装备部队。"快!"我们呼喊着，"就是现在——我们现在就要。我们可不能再等上两年。"

不过这一边，时局已急转直下，德国人已经开始对我们的食物实施配给制了。我们每个人都拿到了一张签过字的记录卡和一些食物配给券。每隔一到两个月，就会发放一次新的食物配给券，并且会在记录卡上签上主事官员的大名。而报纸上则会刊登这些配给券的使用方法，哪些票据可以用来购买哪些相应的食物。不仅食物要配给，还包括烟丝、卷烟、雪茄等等。买东西的时候，我还算是能够凑齐我要的东西，只是有时候要多跑两三家店铺。

我们被迫购买人造咖啡和人造茶，咖啡和茶的香味都还是在的，不过一点味道也没有。亨克的香烟也开始紧张起来，他开始怀念那些口袋里总带着一包烟的日子了。现在烟要省着点抽了，每次抽烟前他都会考虑一下。我们对这样的食物短缺感到愤怒无比，因为大家都很清楚，这一切都是德国人干的，他们拿走了属于我们荷兰人的粮食和物产，运去了德国。

随着被禁止工作的犹太人的数量不断增多，德国人开始建造劳动集中营去安置他们。这些半强制的劳动任务往往被称为"去东边"，但是没有人知道究竟要去哪里。波兰吗，还是捷克斯洛伐克？有小道消息说那些拒绝去劳动营的犹太人，将被送去毛特豪森接受更加残酷的惩罚。而那些顺从劳动征召令的人们，据说将会面临重体力劳动，或许会得到些微不足道的酬劳，不过一点是肯定的，德国人承诺劳动者将会得到所谓"体面的"对待。

我们听说很多接到劳动征召令的犹太人会做出一些铤而走险的事情，以期逃过被征召的命运。比如有些人会在应征体检之前用蛋白涂满双手，然后在收取自己的尿样时，故意尿在手上，希望这样可以制造蛋白尿的假象，而证明自己怀有肾病；有些人则直接拿一瓶糖尿病患者的尿样去送检；有些人会事先吞下大量的口香糖，当口香糖经过肠道的时候，就会在 X 光下形成肠溃疡的假象；还有一些人会事先喝下大量的咖啡，再洗个热水澡，那么在体检的时候就会出现极其虚弱的假象，或许这样可以有幸取消劳动资格。

犹太人已经不再能和非犹太人结婚了，他们也不能在街上骑自行车，必须要在指定的时段内购物。他们不被允许在咖啡馆、公共花园中出现，甚至连在自家花园内透一透新鲜空气也被禁止了。

以往在弗兰克先生家的周六聚会也难以为继，因此我们只能偶尔去一去弗兰克家，和他们夫妇还有一对女儿吃个晚餐。这些禁令已经成功地将我们的犹太朋友分隔并孤立起来了。我们的左邻右舍，到处都是犹太人，大家都带着一张憔悴的脸，他们的日子一天比一天穷困，好些人要开始四处活动，希望可以喂饱他们的孩子。他们会在彼此间窃窃私语，而当有外人走近时，这种耳语就会警惕地戛然而止。他们总是心事重重，变得连走路都不敢抬头了。每当我看到这些沮丧颓唐的犹太人时，总会感到阵阵心痛。

一九四二年的春天又有了一条新的法令，这次它不仅仅刊登在《犹太周刊》上，还被刊登在我们的报纸上：在一周内，所有的犹太人，无论男女老幼都要在他们的胸前缝上一颗手掌大小的黄色六角星。每领取一个六角星就要从配给票中拿出一张布票，另外再给四角钱。这个黄色星星上印着——"犹太人"。

在此法令实施的第一天，许多荷兰基督徒为我们犹太同胞的耻辱遭遇感到悲愤异常，因此特意在衣服上缝了大黄星。还有许多荷兰人在领口或发际别上一朵黄花，以示互相团结。一些商店也开始出现标语，鼓励基督徒向我们的犹太邻居致以格外的问候，比如建议大家和犹太人见面时抬一抬帽子来行礼。总之大家想尽一切办法，为了告诉犹太人——你们并不孤单。

许许多多的荷兰人都竭尽所能地去展示他们和犹太人之间的团结。

此项恶法，在某种程度上比以往任何一个歧视性法令都更令我们愤怒，犹如火上浇油一般。在最开始的几天里，黄色的六角星和黄色的花朵在我们这个被称作"奶街"的河区非常普遍。而犹太人居住的街区被风趣地唤作好莱坞。一种民族自豪感和团结情喷涌而出，直到德国人开始采取逐个清查的局部行动为止。德国人向所有荷兰民众发出威胁说：如果有谁试图用任何办法协助犹太人，那么他就将被投入监狱，甚至面临死刑。

弗兰克先生还是照常来办公室上班，对于他外套上缝着的大黄星不置可否，没有特别去留意那个玩意儿。我们对它也都视而不见。对我来说，弗兰克先生还是原来的弗兰克先生。

虽然弗兰克先生表面上还是尽力装成一切如常的样子，但是我看得出他内心的疲惫。现在，因为他被禁止乘坐电车，所以每天都要步行数英里来上班，晚上还要走夜路回家。我难以想象他、弗兰克太太、安妮、还有玛戈所面对的压力。关于他们的处境，弗兰克先生从不提起，我也从来不问。

一天早上，当大家刚刚喝完咖啡、正要去洗杯子的时候，弗兰克先生把我叫到了他的私人办公室里。他先关上了门，用他那温柔的棕色眼睛看着我，然后用一种近乎穿透一切的直白说道："梅普，我有一个秘密要告诉你。"

我静静地等他说。

"梅普，"他说，"伊迪丝、玛戈、安妮和我，准备转入地下——我们要隐藏起来。"

他在这件事上也把我算了进去。

"我们会和范丹，还有他的太太和儿子一起走。"弗兰克先生停顿了一下，"我相信你一定知道我们的那些空房间吧，就是我那位药剂师朋友卢因正在借来做实验的地方。"

我告诉他我知道那些房间，但是我从来都没有进去过。

"我们就准备躲在那里了。"

说到这里，他又停了一停。

"因为你们仍然需要在这里，就在我的隔壁照常工作，所以我要来问问你对此有没有什么意见。"

我告诉他我没有意见。

他吸了口气问道："梅普，你愿意在我们躲藏期间照顾我们吗？愿意承担这个责任吗？"

"当然没有问题了。"我回答说。

人的一生中总有那么一两次眼神交流是用任何言语都无法形容的。我和弗兰克之间的那个眼神就是这样。"梅普，你可知道那些帮助我们的人是会受到严厉惩罚的，也许会是牢狱之灾……"

"我说了不成问题，我是认真的。"我打断了他的话。

"太好了。现在只有库普休斯知道这件事，玛戈和安妮也还不知道。我会逐个询问其他人的，不过不会有太多人知道的。"

我没有再提更多的问题。我知道得越少，在可能的审讯中就不会暴露更多的信息。我很清楚，当弗兰克先生觉得合适的时候，一定会将我需要知道的事情说给我听的，到时也会告诉我那些所谓的"其他人"究竟是谁。我那时一点也不好奇，因为我已经做出了承诺。

第七章

一九四二年春天，德军对荷兰的占领已经进入了第二个年头，可希特勒的淫威却没有丝毫减少。我们所有的希望都落在了同盟国——我们的同盟身上。关于荷兰在十六世纪被西班牙征服和压迫长达八十年的痛苦记忆，还如同梦魇般在我们的脑海中挥之不去。

生活发生了翻天覆地的变化。孩子们在玩耍，身旁就是行进的军队，踏步在这个国家的屈辱上。在乡间，有一条不成文的规矩：当有飞机出现的时候，所有的农户都会打开大门，好让附近的孩子们跑进去躲避。

在每天日落的时候，我们都会给窗户贴上黑纸，就好像我们生来就需要这么做一样。我们也习惯了在几乎每家店前排长队购物，并且在可能的情况下尽量多买一点以防万一。现在我们总是会将椅子尽可能近地排在收音机周围。

犹太人是所有人中承受得最多的，他们的自由被一项接一项地剥夺——他们工作的权利、迁徙的权利，等等。太多的空闲时间和被迫的闲散对他们来说简直像是背负着不能承受的重量。有太多的时间去担心，太多的时间去想那些令人不快的东西了。

因为那些黄色的六角星，这里的犹太人从原先与其他人的别无二致突然间变得异常突兀。当一个原本跟犹太人没有什么交集的小孩子遇到他们的时候，这孩子也许会惊讶于面前的犹太人和我们长得如此相似，而非像德国人宣传的那样头有犄角、口生獠牙。我们荷兰的传统是禁止将人分成三六九等的，但是这样的传统已经被破坏了。更可怕的是，小孩子的思想也遭到了毒害。

每到夜晚，头顶上总会有轰炸机的轰鸣声来扰人清梦。每当敌机来袭，就会听到凄厉的空袭警报声，而我们就只有静候警报解除声的响起了。因为我们家附近并没有防空洞，所以我和亨克都已经习惯于不将空袭警报当回事了。我们只是将盖在身上的毯子再往上盖一些，两人相互依偎得再紧一些，总之躲进柔软的床榻之中。

弗兰克先生的岳母，霍兰德太太，在去年冬天过世了。她的葬礼办得极其简单，那些天里大家照常工作。弗兰克先生尽力不让自己的难处成为其他人的负担，他总会将他的隐私深深地埋藏起来。

突然有一天，范丹先生来到我的办公室，说道："梅普，拿上你的外套跟我来。"

我放下手头的工作就随他走了，很好奇他会带我去做什么。

范丹顺着王子运河街走，过了一座桥，来到罗曾大街，然后转进一条小巷子里。他带我来到一家肉铺前。他走进店里，我停了下来，打算就在外面等他出来，不过他示意我也进去。

赫尔曼·范丹先生做出这样的举动，令我感觉很奇怪。我猜他是对制造香肠有了新点子，想让我知道吧。我跟他走了进去。

他和肉铺店主聊天，我就静静地站在一旁。我看得出来他们的对话用的是那种朋友间的语气。范丹先生则是自顾自地叼着烟斗聊着天，好像没有注意到我的存在。临走时，他买了一小块肉，并用棕色的油纸包好带回家给太太。

我很好奇，住在另外一个街区——我和亨克那个南阿姆斯特丹街区的范丹为什么要来公司附近的肉店买肉呢？他家所在的街区不是已经有很多肉店了吗？不过我什么也没有说，他也对此一言不发，我们回到了公司。

在接下来的一个月里，范丹先生又叫我陪他去了好几次那家肉店。

我都按照他的要求做了，不过我一直都很好奇为什么他不在家附近的肉店买肉呢。每次到店里，他都会和店主攀谈说笑，并且买下一小块肉，而我就会一直静静地站在他的身旁，直到他示意我们可以离开，回办公室为止。我希望有一天范丹先生会将个中的原因解释给我听。

五月下旬，英国广播公司报道说英国皇家空军已经完成了首次对德的密集轰炸。他们选择的城市是科隆，那是一个在莱茵河边、靠近荷德边境的城市。听到广播中说有一千架轰炸机参与了该次行动时，我们都激动得喘气了。

现在，每天晚上，当有战机轰鸣的时候，我都会竖起耳朵，我可以听到那些战机穿越德军高射炮的声音。透过遮挡窗户的纸板，我时不时能看到对空探照灯穿透夜空的光柱。那些轰炸机是冲着德国的工业区飞去的，目标就是那些兵工厂和其他重要机构。留一颗炸弹给希特勒吧，我心想。

与此同时，对犹太人的压迫却丝毫没有减弱。从现在开始，自晚上八点到次日清晨六点他们都必须留在自己家里。他们在任何情况下都不能去其他非犹太人家里串门，不可以去他们的花园，甚至不可以去任何属于非犹太人的地方。而和非犹太人通婚则成了刑事罪行。

接下来的行迹最为下流，德国人要求所有犹太人将自行车在六月的某一天前悉数上交给德国驻军。车的主人不仅需要上缴自行车，而且要保证其上缴的自行车车况良好。车子备胎、内胎、维修工具也要一并上缴。对于荷兰人来说，没有什么比失去自己的自行车更为不便的了。

现在犹太人要怎样出行呢？如果他们还没有失掉工作的话，他们要如何去上班呢？那些像玛戈和安妮那样的少年要怎样去适应没有自行车的生活呢？

那是七月的第一个星期天，一个燥热的暑夜。我和亨克还有萨姆森

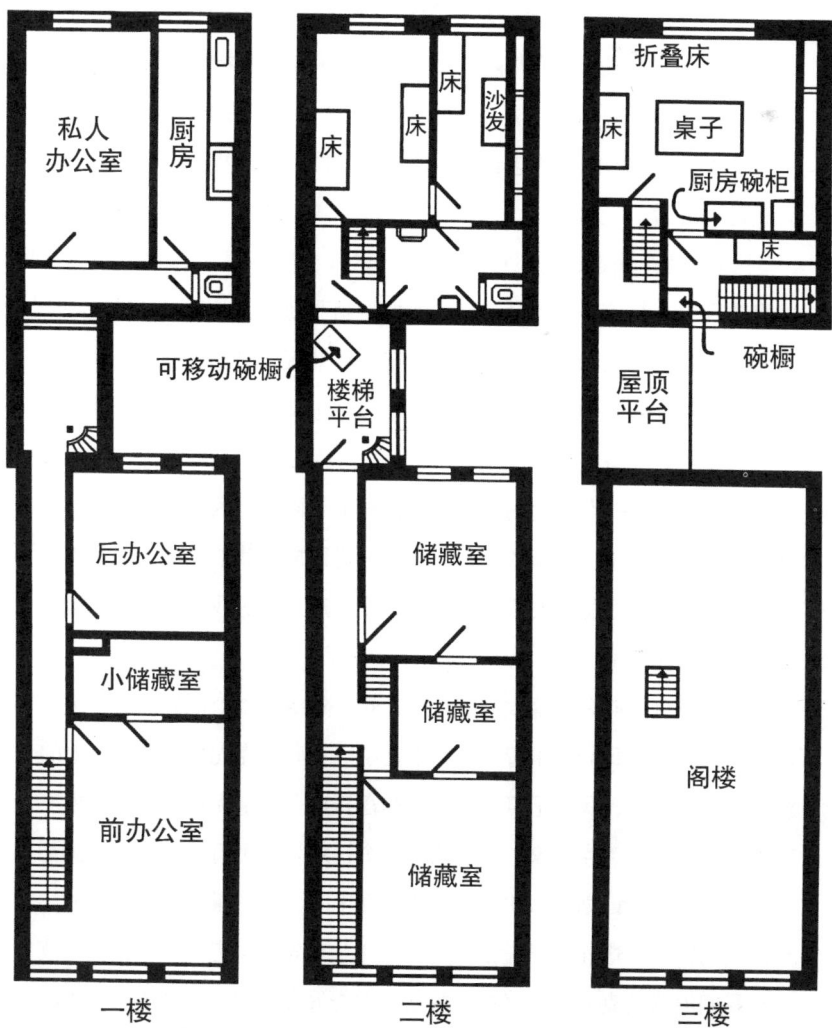

私人
办公室

厨房

可移动碗橱

楼梯
平台

后办公室

小储藏室

前办公室

一楼

床

床

沙发

储藏室

储藏室

储藏室

二楼

折叠床

床

桌子

厨房碗柜

床

碗橱

屋顶
平台

阁楼

三楼

密室平面图

太太他们刚一起吃完了晚饭，正各自做着自己的事情。对于我来说，礼拜天的晚上要做些为下周工作打基础的琐碎事情。

这些天来，任何的风吹草动都会令人风声鹤唳。那天，我们的门铃持续响着，全屋子的人都随之一阵紧张，大家的眼神在相互间来回投射。很快，亨克向门口走去，我也跟了过去。门口站着的是范丹先生，他看上去很焦虑。因为不想让萨姆森太太他们紧张，我和亨克压低了声音和范丹讲话。

"现在就跟我走，"范丹低声说道，语气显出事情紧急，"玛戈·弗兰克收到了一封信，信上命令她去参加强制劳动营，并且叫她带上一个行李箱和冬天的衣物。弗兰克一家决定现在就藏起来。你能现在就为他们准备一些在躲藏中所要用到的东西吗？你也知道，事发突然，他们来不及完全做好准备。"

"我们这就来。"亨克对他说。我们披上了雨衣，因为大包小包地走在街上实在太危险了，宽松的旧雨衣正好可以成为我们的掩护。虽然在这样燥热的天气里穿上雨衣有点奇怪，不过这总好过我们将大包小包的各种家当抱在怀里。

亨克先进去向萨姆森太太嘱咐了几句，希望可以令他们对此事不要过分紧张，然后我们就跟着范丹先生走了。在弗兰克先生向我透露他的躲藏计划的当晚，我就把事情向亨克和盘托出了。毫无疑问，亨克也决定无条件帮助弗兰克一家，并且认为这个计划切实可行。不过我们俩都没有料到，这个计划这么快就要付诸行动了。为了尽量不引起别人的注意，我们以一种快速但不慌张的姿态向弗兰克先生家走去。在路上，范丹和我们说弗兰克先生刚将这个躲藏计划告诉女儿们，不过还没有告诉她们躲藏的地方。

"你可以想象，"他解释道，"他们正身处一个如此混乱的国家里，他们在如此局促的时间内要完成那么多事情，而那个该死的房客看起来还在拖延苟且，令整件事很难办。"

就在去弗兰克家的路上，我刹那间感觉到了一种要为朋友两肋插刀的紧迫感。征召一名十六岁的女孩去做强制劳动是德国人对犹太人犯下的一桩新罪行。我心想，弗兰克他们应该尽快从人们的视线中安全地"消失"，越早越好。但是有多少像玛戈这样的女孩被征去强制劳动营呢？那些收到征召令的女孩们今晚一定都魂不守舍了。想到这些，我就强迫自己按捺住情不自禁加快的脚步，稳稳地走向弗兰克家。

我们来到他们家，只和弗兰克先生简短地说了几句话。我听得出事态紧急，也感受得到他们内心的惶恐。但是我知道，还有许多的事情等着要去筹办，这一切简直太可怕了。弗兰克先生递过来一些感觉上像是童装、童鞋之类的东西。

我从未见过这个样子的自己，我们都尽可能多地拿起那些包裹，并把它们藏在我和亨克的雨衣下和口袋里。

我们就这样鼓鼓囊囊地走回到我们的住处，迅速地在那里卸下身上的东西。我们将这些东西都藏进床底下。然后穿着空雨衣再去弗兰克家，搬运下一轮的东西。

因为弗兰克先生家有房客，所以他们家里的气氛安静得有点阴阳怪气。每个人都尽量装得一切如常，不紧不慢，不提高嗓门说话。这次我们接过了更多的东西。弗兰克太太将这些东西装好，打好包，一包一包地交给我们。她的头发已经因为劳动而从扎起的发髻间垂了出来，挂在了她的眼前。安妮走了过来，拎着好多东西，弗兰克太太叫她再拎回去。安妮的眼神看上去五味杂陈，既有一种不可名状的兴奋，又有深深的恐惧。

我和亨克尽可能多地拿上那些小包裹，然后迅速离开了。

第二天一早，星期一，我被雨声吵醒了。

大概七点半光景，我就按照昨晚的计划，骑车直奔弗兰克家。就当车停在他们家门口的时候，门开了，玛戈就站在门前。她的自行车就停在那里，她显然没有执行自行车的收缴令。弗兰克夫妇和安妮都在家里，安妮正穿着睡袍瞪着眼睛，从房间里面走过。

看得出来，玛戈层层叠叠地穿上了好几套衣服。弗兰克夫妇看着我，那种目光简直可以将我穿透。

我努力地尝试宽慰他们，"不用担心，现在下着这么大的雨，就算是那些'绿警察'也不会出来的。这场大雨正好可以掩护我们。"

"去吧，"弗兰克先生打量了一下周围，然后发出了指令，"你们马上走，我和伊迪丝会在上午迟些时候赶来的。"

我和玛戈头也不回地迅速骑上车，消失在街道上。

很快我们就离开了梅尔温德街，向北来到第一个转角处。我们故意骑得不快不慢，就好像两个普通的上班族周一骑车去公司的样子。

在这样的倾盆大雨中，连个绿警察的影子也没有。我选择了走那些比较繁忙的街道，先从梅尔温德街转入瓦尔街，然后左转经阿姆斯特兰街到费迪南·博尔斯街，接着从维杰泽尔街到罗金街，经过水坝广场，再是莱德修斯街，最后进入王子运河街。公司门前坑洼不堪的卵石路和那浑浊暗淡的运河水，今天给了我异乎往日的愉悦。

我们一路上都不发一言，大家都很清楚，从我们骑上车的那一刻起，就都是刑事罪犯了。你看，一个基督徒和一个犹太人在一起；犹太人没有戴大黄星的标志，还骑着一辆没有上缴的自行车。当德国人的强制劳动征召令到期，需要去报到的那一刻，玛戈脸上没有闪过一丝惊恐。确实，这就是她当时真实的感觉。猛然间，我和她仿佛已经成了抵抗德国禽兽的盟友。

王子运河街上一个人都没有，我们将两辆自行车搬进了公司的储藏室。我用钥匙打开了公司大门，我俩进去后就关上了大门。我们被淋得像落汤鸡，突然我看到玛戈好像要昏过去一样。我挽起她的手臂，扶她经过弗兰克先生的办公室，带她上楼到他们预备躲藏的地方。就快到大家上班的时候了，虽然我很担心有人在这个时候进来，但我还是保持了沉默。

　　玛戈就像那些震惊得目瞪口呆的人那样伫立在那里，现在我倒可以感受到我们刚才那种发自内心的震颤了。当她打开门的时候，我搂住了她的胳膊，要给她鼓励。不过她仍然一言不发。她从里面关上房门，我也回到了我在总务室的位子上。

　　我的心也跳得很厉害。坐在桌前，我思索着怎么做才能将我的思绪拉回到工作上来。这场夏日的暴雨成了我们的保护伞，现在终于有一个人安全地躲进这个避难所了。还有三个人也将要趁着雨幕的掩护来到这里。

　　库普休斯来上班了，并把玛戈的那辆自行车搬去了一个我也不知道的地方。他走后不久，我就听到仓库管理员来了，正在倒他鞋子里的雨水。

　　晌午，弗兰克夫妇还有安妮三人经过了总务室。我等这一刻等了好久了，我起身出来催促他们快些走过克拉勒先生的办公室，去那条通向避难所的楼梯。他们三个人都湿透了。随身带来的东西不多，所有人都在胸前缝上了黄色的六角星。我为他们将避难所的门打开，等他们都进去了以后再将门关上。

　　那天下午，四下无人的时候，我上楼来到那扇门前，悄悄地进去，从后面将门关紧。

　　第一次来到这个避难所，目之所及令我大吃一惊。整个房间一片混乱，到处都是大包小包的袋子、盒子和家具，一堆一堆的东西。我难以想象房间里的这些东西是如何搬进来的。或许他们是晚上搬的，又或者是星期天，公司关门的时候，总之我对此一点印象都没有。

　　在这里，有两间很小的房间。其中一间比较方正一些，带个小窗；另外一间房间虽然也有窗，但是比较狭长。房间是用木板隔开的，木头被漆成了深绿色，墙上的墙纸都有些泛黄剥落，而窗子上则凑合着挂着白色的厚窗帘。大房间里带厕所，边上还有个梳妆的地方。

　　再爬上几级陡峭的木楼梯，是一间相对大一些的房间，有水池、火炉和一些橱柜。这里的两扇窗子也都用窗帘遮了起来。离开这间房，再往上爬是个阁楼，有个小楼梯相通。那是个典型的阁楼，里面也堆满了各种包裹物件。

弗兰克太太和玛戈就像迷途的人那样，手足无措，无精打采。她们看上去好像动都不能动了。安妮和她爸爸则在尽力让这杂乱无章的房间显得井然有序，不断地搬移、归置、打扫着。我问弗兰克太太："我可以做些什么？"

她只是摇了摇头，我建议道："那我去拿些吃的上来？"

她默许了："一点点就够了，梅普，拿些面包、牛油，或者牛奶也行。"

这种情形令人很伤感。我想还是让这一家人独自待着吧，不去打扰他们。我无法想象他们一家人现在的感受，抛下所有的一切：整个家、毕生的财产、安妮的小猫——莫特杰——还有他们所有的纪念品，以及朋友们。

他们就好像断然关上了自己的生活之门一样，一夜之间从阿姆斯特丹消失了。弗兰克太太的表情已经说明了一切。很快我就下楼去了。

一九二一年，十二岁的我（右一）

一九三三年的我

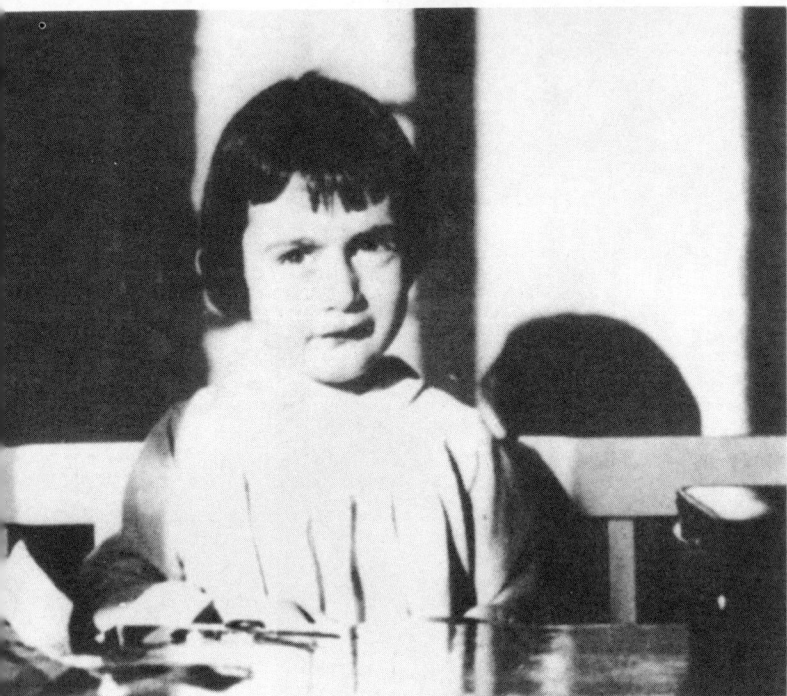

一九三三年的安妮·弗兰克，此时弗兰克家大约刚从德国迁到荷兰。

一九三五年，安妮和她的同学们，中间圆圈中者为安妮。

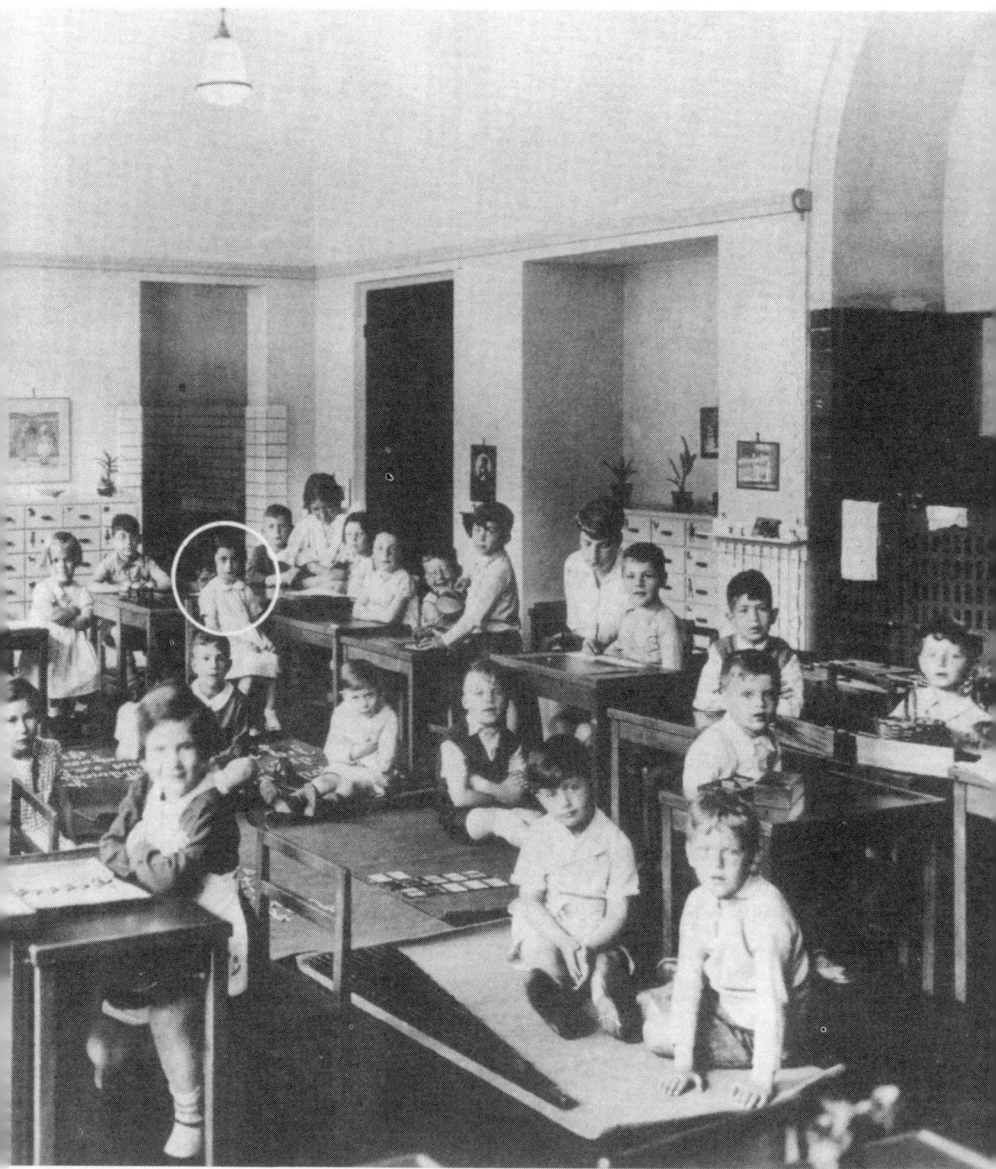

奥托·弗兰克先生

一九三六年的安妮

一九三七年，在辛格尔街四百号
办公室前的安妮

一九三七年，我和弗兰克先生在办公室里。

库普休斯先生

前排从左至右依次为克拉勒先生、埃莉·沃森和我，后排是我们的另两位同事。

空中俯瞰王子运河街，右侧为西教堂。

安妮，一九四〇年

我的护照，上面还有纳粹标记。

玛戈与安妮，一九四一年

一九四一年七月十六日，
我和亨克结婚的日子。

范丹夫妇和克拉勒先生

萨姆森太太

大家去参加我的婚礼派对。

犹太人必须佩戴的黄色六角星

要求佩克塔康停业的命令

DER REICHSKOMMISSAR
FÜR DIE BESETZTEN NIEDERLÄNDISCHEN GEBIETE
DER GENERALKOMMISSAR
FÜR FINANZ UND WIRTSCHAFT
WIRTSCHAFTSPRÜFSTELLE

den 12. September 1941.
Korte Vijverberg 5
B./N./HG 1o1

A b s c h r i f t .

B v d. I. E.
29 NOV. 1941
MIDDERNACHT

Auf Grund des § 7 der Verordnung des Reichskommissars
für die besetzten niederländischen Gebiete vom
12. März 1941 (VO. 48/1941) über die Behandlung an-
meldepflichtiger Unternehmen bestelle ich Sie zum
Treuhänder der Firma

N.V. Handelsmaatschappij Pectacon,
Amsterdam-C, Singel 400,

mit der Aufgabe, die Liquidation des Unternehmens nach
meiner Weisung durchzuführen.

gez. Bauer

Herrn
Mr. Karl W o l t e r s
A m s t e r d a m -N
Jan van Eijkstr. 31

王子运河街二百六十三号前景

房子的背面

上图，伊迪丝·弗兰克
下图左，彼得·范丹
下图右，阿尔伯特·杜赛尔医生

安妮，一九四二年

下图右，躲藏处的入口，由书架挡着。挪开书架可见楼梯（下图左）。

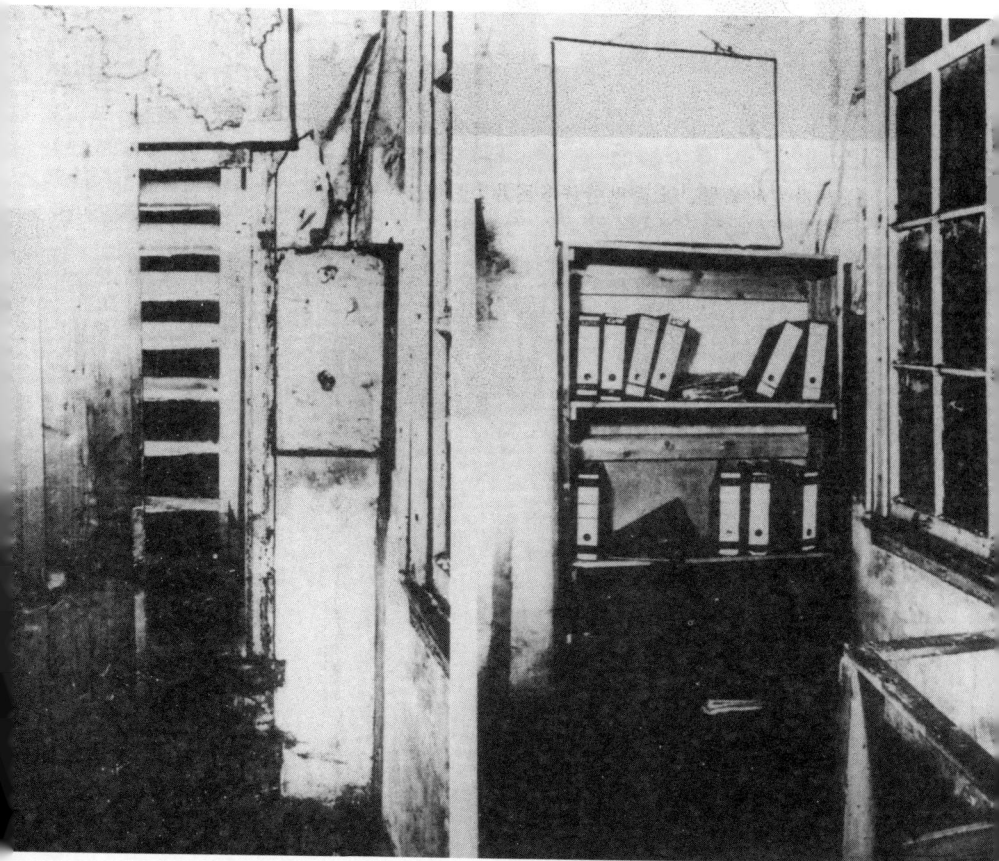

从躲藏处的窗口望出去，可见西教堂。

安妮卧室的墙壁，上面贴着许多图片。

上图左，我结婚一周年聚餐时安妮用打字机打出来的菜单。
上图右，范丹先生的购物清单，我就是带着它去肉铺采购的。
下图，墙上的地图，展示了盟军在诺曼底登陆后的进攻路线。

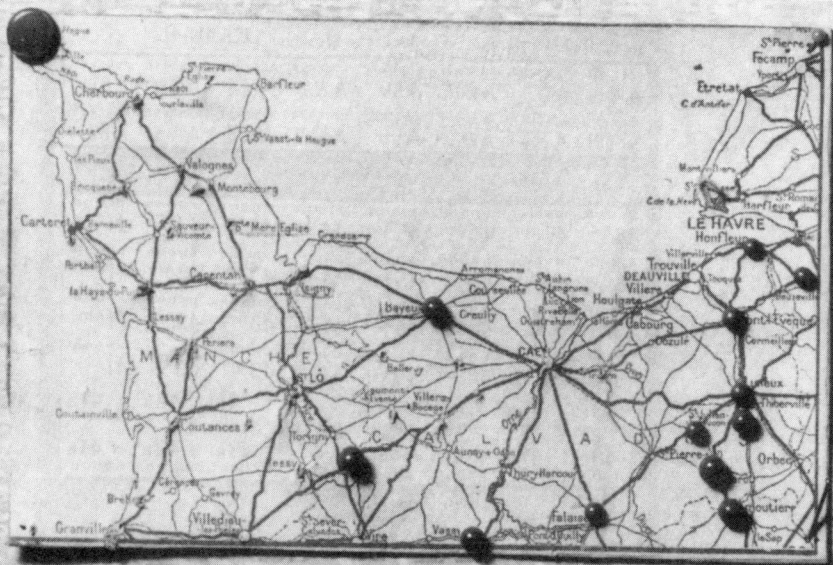

亨克和我的身份证

一九四四年的定量供给券和报纸上刊登的可供购买的物资

RÉPUBLIQUE FRANÇAISE
Ministère des Prisonniers, Déportés et Réfugiés

FICHE DE TRANSPORT 1061874

(26) Nom **FRANK** (2) Prénom **Otto** (28) Nom jeune fille (V) Date naissance **12-5-89**

(30) Nom, prénom, adresse de la personne chez qui vous vous rendez

Mⁿᵉ **GIES 29 Rue Hunze AMSTERDAM** · **HOLLANDE**

(20) AVEC SERVICE SANTÉ.   Moyen locomotion   Date   Heure   Départ   RÉGULATION   OBSERVATIONS

D **R**   **train J.N.C.F**   **12-5-45**   **Hollandais**

GARE DESTINATAIRE **Amsterdam**
GARE DÉPART **Marseille St Charles**

*attaché donne droit, par priorité et sans paiement, au transport du rapatrié de jusqu'à sa destination définitive, par tous les moyens mis à la disposition des Services de rapatriement (à l'exception des autorails de liaison de la S.N.C.F.)

*Toutefois, si le rapatrié emprunte des moyens de transport secondaires (autocars, compagnies secondaires de chemin de fer, etc.), il devra acquitter le prix de sa place et inscrire au dos de cette fiche les trajets effectués et les sommes payées. Elles lui seront remboursées sur présentation de cette fiche à la Direction départementale des P.D.R. de sa résidence.

NOTA. — En cas d'arrêts intermédiaires (voir au dos)

TIMBRE CARTE D'IDENTITÉ

RÉPUBLIQUE FRANÇAISE
MINISTÈRE DES PRISONNIERS, DÉPORTÉS ET RÉFUGIÉS

CARTE DE RAPATRIÉ

(1) Catégorie **D.R.E.**   (2) Date d'arrivée en Allemagne **5-3-44**
(3) Dernier lieu de détention ou de travail en Allemagne **Auswitz**

(4) Nom **FRANK**   (5) Prénoms **Otto**   **M**   LT RAPATRIÉ A DÉPOSÉ :

(7) Pseudonyme   (8) État Civil **M.2.**   (9) Profession **Commerçant en gros**   I.M.   R.M.   FF

(10) Date de naissance **12-5-89**   (11) Lieu de naissance **Francfort s/mer.**

(12) Nom du Père **Michael**   (13) Nom de la Mère **Sterne Alice**

(14) Nationalité d'origine **Allemand.**   (15) Nationalité actuelle **Hollandais**   (16) Date de naturalisation

Le Rapatrié a REÇU : Frs — prime — Av. sur Marks

(17) Dernière résidence en France

(18) Nom et adresse de la personne chez qui vous vous rendez
Mⁿᵉ **GIES 29 Rue Hunze AMSTERDAM**

(19) Pièces d'identité produites **Immatricule B. 91 74**   (21) Centre mobilisateur **HOLLANDE**

(20) Bureau de Recrutement

(22) Classe de mobilisation   (23) Grade

VÊTEMENTS **1 Colis 60 g/stock**

PHOTO 4 × 4   (24) Position militaire au moment du départ en Allemagne

(25) Dernière affectation militaire en France   **Hollandais**

TICKETS   TABAC

1061874

上图，奥托·弗兰克先生的往来及遣返文件
下图，弗兰克先生的难民证

ALLIED EXPEDITIONARY FORCE
D. P. INDEX CARD
G 04161321   N O T A P A S S

1. **Frank**   **Otto**   16—35306-1
   (Registration number)

2. (Family name)   (Other given names)

3.   (Signature of holder)   D. P. 1

一九四五年十月在王子运河街二百六十三号的办公室。前排从左至右：我，弗兰克先生，埃莉。后排从左至右：库普休斯，克拉勒

这封信告诉我们，玛戈和安妮不会再回来了，她们于一九四五年二月末三月初死于贝尔根-贝尔森集中营。

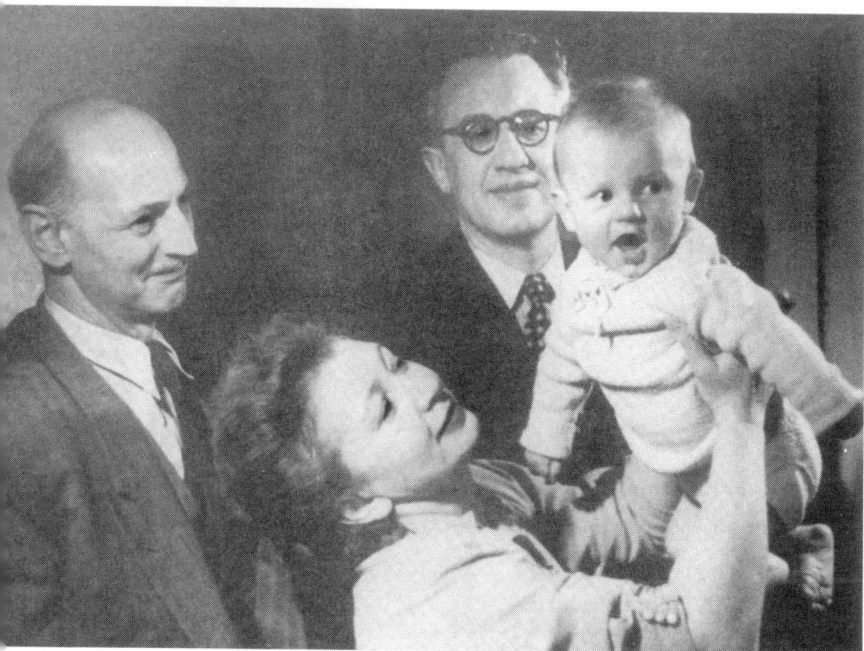

一九五一年，弗兰克先生，我，亨克和我们的儿子保罗

安妮的披肩，桌上是弗兰克先生的照片，他过世前将它送给了我。

我在阅读安妮的书

一九八六年，亨克和我在阿姆斯特丹。

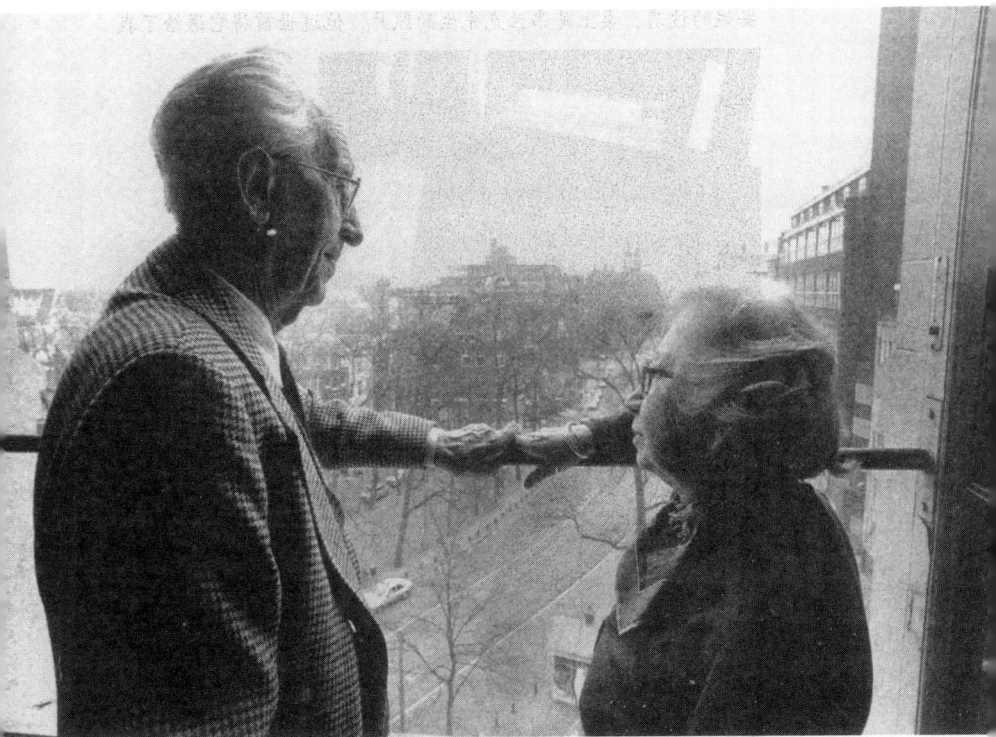

第二部　隐　蔽

第八章

在弗兰克一家躲藏起来的几天以后，弗兰克先生请求我和亨克回他们原来在梅尔温德街的住处，向那个房客打探一下消息，看看他们消失了以后有没有什么特别的事情发生，看看弗兰克一家有没有被德国人通缉。入夜后不久，我和亨克就登门拜访去了。

按了门铃后，一个中年犹太男人过来开了门，把我们让进屋内。我们脸上故意装出一副一无所知的样子，向他打听弗兰克先生一家的去向："弗兰克先生已经好些日子没来上班了，我们就是过来看看他。"

那个房客回答说："弗兰克一家已经消失了。"随后他就站了起来，走出房间，回来时手上拿着一张纸。"我发现了这个，"他边说边把那张纸递给亨克看，纸上写着一个地址，"我猜这地方应该属于马斯特里赫特吧。"

我们仔细地看了看那个地址，马斯特里赫特，那是一个位于荷德边境的城市，可能是逃亡路线上的一站。"弗兰克先生有些亲戚在瑞士，"那个房客猜测着，"或许他们已经逃去瑞士了？"

"住在我们附近的人都说弗兰克先生已经在一个以前战友的帮助下去了瑞士了。而且，有个邻居说他看见弗兰克一家人是坐着小汽车走的。不过没人知道确切的答案。"他摇晃着脑袋，又耸了耸肩。这房客看上去对此倒不是很意外，这里的人们已经对朋友们的突然消失不再意外了。

"如果可以，我还是会住在这儿，"他边说边环视着眼前的这个公寓，"你们也看到了，毕竟我也是个犹太人。"

我也不动声色地扫视了一下这里的环境。我一直在找安妮养的那只猫，莫特杰，因为我知道，等我们回去以后，她一定会首先问起她的猫咪。可我在这里似乎找不到那只猫咪。

我们和那位房客互道晚安。"当有弗兰克先生下落的消息时，还希望您可以告诉我们。"亨克对他说。

他答应了。

"莫特杰怎么样了？你见到我的猫咪莫特杰了吗？那个房客好好照顾它了吗，还是已经把它送人了？"当我们第二天一早去他们的避难所取今天早上的购物清单时，安妮问了一连串的问题，"还有我的那些衣服，那些小玩意，你从家里带了一些过来给我吗？梅普，你带了吗？"

弗兰克先生耐心地向她解释道："梅普没有从我们家带什么东西出来，安妮……你难道不知道吗？"当弗兰克先生向安妮解释的时候，我听得出来，他暂时松了一口气。此前他一直都很紧张，而现在他表现得很镇定，可以看出他有了一种安全感。我知道，他这是在为其他人做沉着应对的示范呢。

安妮并没有问完她所有的问题："我那些朋友们呢？他们都还好吗？都有谁还在那儿？还有其他人像我们这样躲藏起来了吗？有人在搜捕中被抓到了吗？"对于犹太人的搜捕，现在仍时有发生。

安妮有些激动，所有消息她都有兴趣。当她们一家人聚拢来的时候，我就和他们讲了昨晚和亨克一起去梅尔温德街的经过。他们对任何细节都不放过。

"住在你们家对街的约皮现在怎么样？她还好吗？"安妮在我讲完后问道。

约皮是安妮的朋友，和她年纪相仿，也住在亨泽街，和我们家对街相邻。安妮知道我有时会和约皮的母亲聊天。她是法国人，开了家女装店，她的先生是个犹太人。她先生是做古董生意的，他们家就住在那家牛奶店的楼上。有时候在我去买牛奶的路上会碰到牛奶店的老板娘，她总是一个人在看店。

"是的，安妮，我见到了约皮的妈妈。她还是老样子，他们家还是住在老地方。"

安妮的脸色沉了下来，因为她想知道更多关于她朋友的消息，她太想念朋友们了。

我向安妮表明，关于她的朋友们，我一点儿风声都不能透露。因为，这样做太危险了。

"外面的情况怎样？"弗兰克先生问，他坐不住了，急切地想知道外面的情况。

见到他们如此心焦，我将我知道的一切都告诉了他们。我对他们说，针对犹太人的搜捕正在市内多个地方蔓延。我也告诉他们最新的反犹行动，是将所有犹太人的电话线路切断。他们留下的那张写着假地址的字条已经开始发挥作用了。

"那么，亨克午饭后会上来看我们吗？"安妮问我。

"是的，"我和她确认道，"当他们公司吃午餐的时候他就会来了，对于外面的事情，他比我所知道的要多得多了。"

听到亨克会来，安妮的眼睛都亮了。"而且埃莉也会在午饭时间上来。"大家都对朋友们的来访十分雀跃，很希望我们尽可能多地上去探视他们。

乔·库普休斯经常来，每次都会带些小东西，他有他自己表达关切的方法。克拉勒先生也常来，有时候会带着一些生意上的问题来咨询弗兰克先生，有时会给安妮带些电影、戏剧的杂志，他知道安妮喜欢追星。

他们的避难所渐渐显得规整起来了。原来堵在门口的那些东西已经搬到阁楼上去了，和那些公司旧文件放在一起。老旧的咖啡壶、孩子们的课本、一把随意放置的梳子，都令小屋开始有了些家的感觉。

安妮将那些从杂志上剪下来的明星图片贴到她卧室的墙上，有雷·米兰、葛丽泰·嘉宝、诺玛·希拉、金姬·罗杰斯、荷兰女星莉莉·鲍米斯特，还有德国明星海因茨·鲁曼。墙上还有另外一些她感兴趣的图片，我们公司介绍果酱制作过程的广告画、米开朗基罗的圣母圣子雕塑、一朵大大的粉色玫瑰花、黑猩猩们聚餐的照片、约克公主伊丽莎白，还有很多很多小婴儿的图片。安妮很喜欢剪那些可爱的婴儿图片，就像她喜欢剪电影明星的图片一样。

安妮和玛戈共享避难所第一层的那间狭长的房间。隔壁那个大一些的房间，被弗兰克夫妇布置成了他们的卧室。再上一层则是他们的起居室兼厨房，他们白天基本上都在起居室里，因为那里和公司的厨房之间隔了一层楼，所以他们平时发出的声音就不那么容易被楼下的人听到。不过，当白天楼下有工人进进出出的时候，他们是不会弄出任何声响的，没有厕所的冲水声，没有脚踏木地板的松动声。他们每个人都保持着静默，等着我们中的某个人上去说工人们已经走了。

我发现弗兰克太太的情绪在最初几天里异常低落。玛戈也是如此，很沉默，了无生气。总是那么友善和乐于助人的玛戈仿佛消失在周围，她从不碍事，也从来不提要求。

每天我们都会带一点东西给他们，就是在他们藏匿起来之前，我和亨克穿着雨衣从梅尔温德街拿回家的那些东西。不久，我就将我们拿回家的所有东西都转移到了他们的避难所。

每天早晨，如果公司里一切平静，我要做的第一件事就是上楼问弗兰克太太拿他们当天的购物清单。她有时候会把购物所需的现金也给我，有时我也会从楼下公司的钱箱里拿，到时候再补上。然后，在安妮开始问她那一大堆问题之前，我都会先叫她等我买完东西回来再说，到时我才会坐下来和她真正地聊上一会儿。

因为搜捕还在继续，所以犹太人们都在疯狂地寻找各自的藏身之所，有些甚至绝望到硬是要闯过边境，逃去比利时。每个人都在寻找"安全的地方"。一个安全的地方，一个避难所，突然之间成了最为抢手的东西。它已经好过一份待遇优渥的工作，比一罐真金还要珍贵。人们都使出了浑身解数去寻找那些可能的藏身之所。

萨姆森太太的女儿和女婿——科伦夫妇，为了一个逃难的地方，已经拼命地寻找了好一段时间了。因为从七月初开始，对犹太人的搜捕不但一直没有停过，反而在阿姆斯特丹持续地蔓延开来，科伦夫妇陷入了极度的惶恐之中，担心他们或是他们的孩子会遭到围捕。最后，他们终于找到了一个避难所。

他们找到避难所的时候，想要告诉我和亨克，不过我们迅速反应过来——彼此知道得越少，对大家就越安全。没有人知道，当德国人抓到你的时候会做出些什么事来，这群禽兽不如的人什么手段都使得出来。

看着他们在家里做准备工作，我们意识到他们的离开已经迫在眉睫。因为我们看出他们像惊弓之鸟一般想要离开此地，我和亨克提醒他们不要去中央火车站："那些绿警察会没日没夜地在那里巡逻，去那里不是明智的选择。"

面对这群极度惊恐的人，除了这些提醒，我们没有再说其他的话，虽然他们的孩子对周遭发生的一切都还一无所知。我们俩既没再提什么问题，他们也没有再透露些什么。

一天晚上，我们下班回到家里，发现他们已经悄无声息地离开了。

那天全市都有大规模的搜捕犹太人行动。当我们回到家的时候，萨姆森太太告诉我们，她的女儿、女婿和两个孩子被吓坏了，决定马上离开，去安全的地方避难。萨姆森太太一边说一边不住地颤抖。我和亨克觉得萨姆森太太也应该去个安全的地方躲起来，等这波搜捕的浪潮过去再说。所以，我们建议她先去我的继父母家躲一阵，她也同意了。我也立刻帮她做好了期间一切的安排。

　　就在午夜时分，家里的门铃响了。亨克和我在床上听到门铃声都僵住了，他叫我留在屋里，自己过去应门。我当时害怕到不敢一个人留在房里，所以就跟着他一起过去。按铃的是个女人，她身边站着一个小男孩，她手里还抱着个熟睡中的婴儿，这两个孩子是萨姆森太太的外孙和外孙女。

　　这个女人告诉我们，孩子的父母在中央车站被绿警察逮到了。

　　我也走出门来，将女婴从她怀中接了过来。她也将身边的小男孩推过来，亨克过去将他揽了过来。"我接到命令，要将这两个小孩送来这里。"说完这句话，她转身就走了，消失在黑夜里。我和亨克相视无言，我们都在想，这个女人会是谁呢？是犹太人还是基督徒？那些绿警察为什么会允许她将两个孩子带走？

　　我们将两个孩子带进厨房，给他们热了牛奶，还有牛油面包，然后就叫他们上床睡觉了。

　　第二天，萨姆森太太回来了，见到了她这两个外孙和外孙女。她尝试从孩子们的口中了解一些事情的经过，不过这两个孩子还太小，根本说不清楚在他们父母的身上究竟发生了什么。一切都无从知晓，只知道他们的父母消失在德国人的手里了。

　　我们前所未有地感觉到，是时候为这两个孩子找个安全的地方躲起来了。经过我们的仔细考虑，最终想到了一个学生组织，就在阿姆斯特丹，他们有一些可以接收孩子的地方。很快，不到一周的时间，小女孩就通过这个组织被送去了乌得勒支，躲藏到了一个安全的地方。不久，小男孩被带去埃姆讷斯藏了起来。

　　现在开始要为萨姆森太太找个避难所了。阿姆斯特丹犹太人的日子越来越不好过了，一天紧过一天。她越早躲起来越好，或许可以躲过搜捕。

　　十所荷兰基督教会联合起来发布了一封抗议书，用电报的形式传送给德国占领当局。这十家教会共同谴责德国占领军放逐犹太人的滔天"暴行"。他们称这是"非法"行为，并且是对全体荷兰人道德的挑衅，同时也是违反上帝关于"公义和慈爱的神圣诫命"的。我们听说此事后，都很受鼓舞。

德国人对这封电报置若罔闻。

在弗兰克一家藏匿起来一周以后，就在我像往常一样上去拿采购清单的时候，发现范丹夫妇还有他们十六岁的儿子也搬进了这个避难所。他们的孩子名叫彼得，长得很俊朗，身形敦实，头发浓密，眼神深邃，而且性格也很不错。

我此前就知道范丹一家已经想好了要躲到这里来，不过他们显然也将藏匿的时间提前了，因为现在阿姆斯特丹全城都出现了新的抓捕潮。和弗兰克一家正好相反，范丹一家在安全地来到这个舒适的避难所以后，显得极其愉悦。他们和弗兰克一家有说不完的话，都是关于那些发生在市内的噩梦般的事情。虽然弗兰克一家才消失短短一周，但在他们的犹太人朋友身上却发生了太多的事情。

现在，避难所里的格局有了新的变化。弗兰克夫妇仍然住在他们原先的卧室里，安妮和玛戈也还是住在她们那间狭长的房间里，就在厕所和衣帽间的对面。范丹夫妇则睡在楼上的起居室，就在弗兰克夫妇房间的正上方。而彼得就睡在他父母的隔壁，就是那个通向阁楼的楼梯边的半间房，那里现在还堆满了各种没来得及搬走的大包小包。

白天，范丹夫妇的卧榻就会贴着墙壁推起来。因为他们都要避免待在紧贴着办公室和公司厨房屋顶的那一层。所以，他们的卧房同时也要用来做厨房和起居室，大家都要在那里度过整个白天。很快，两家人就把东西都归置好了，算是营造了一个苦中作乐的小窝。

范丹一家向大家讲述了那些关于八号电车的恐怖故事，这路电车被德军用来押送犹太人到中央火车站。安妮、玛戈和弗兰克太太都听得面色铁青。在这些电车上，好些犹太人都和他们的朋友、邻居肩并肩地坐在一起。现在这些电车的车厢里满载着别着黄色六角星、拎着指定行李的犹太人。

在中央火车站，这些犹太人就会像牲口一样，被赶上另外一些特殊的列车。车子的目的地是一个叫作韦斯特博克的地方，那里都是些集中营。那里属于德瑞特，离阿姆斯特丹很远，不过离德国比较近。我听说在火车上的犹太人，会将明信片和书信抛出窗外，希望有好心人捡到后可以帮他们投递。有些人的亲友真的收到了这些抛出来的信件，上面记录了这些离家者的去向。

自从范丹一家搬过来以后，我便要开始帮两个家庭进行日常所需的采购了。那天，当我去要购物清单时，范丹先生递过来一张需要购买各种肉类的纸条。我看了看这清单，一个劲儿地摇头。因为要买如此大量的肉类，我们手头上的食物配给券根本不够用。

范丹先生反而衔着他那从不离嘴的香烟笑了起来。"还记得罗曾大街上的那家肉铺吗？我和你一起去过的。"

"是的，我还有印象。"我回答说。

"就去找上次那位先生，"他继续说道，"你不用和他说什么，只要把这个清单给他，他就会帮你准备好的。"

我将信将疑地看着他。

"不用担心，"范丹先生眨着眼笑着，"你们见过好几次了，他绝对可以把你认出来。他是我的好朋友，一定会竭尽所能把你需要的东西找齐的，放心吧。"

一个多月前，范丹数次将我带去那家店里，当时我百思不得其解，现在终于明白其中的原因了。想到这里，我也禁不住摇着头笑了起来。

果然就像范丹先生说的那样，我在店里虽不发一语，但那个店主还是认出了我，而且将清单上的东西都为我准备齐全了。

大多数时候，亨克都会在午餐时间来公司和我一起吃饭。他的公司就在马尼克斯街，步行到我们公司大概也就七分钟。不过每隔一两个星期，他就需要去阿姆斯特丹福利署的另外一个部门工作几天。因为那里很远，所以那些天里，他中午就不来公司找我吃饭了。

在我们吃过午餐以后，亨克就会上楼探视那两家人。有时候待个十分钟，要是楼下正好有工人出入，他就会待上半个多小时，等那些工人出去吃饭了才下来。在楼上，亨克总会在那个矮柜的旁边，叉开双腿靠着墙席地而坐。这个时候，彼得的那只叫莫斯奇的猫就不知从什么地方钻出来，跳进亨克的怀里，这只猫咪显然出奇地喜欢亨克。

每次，范丹先生都会抢在大家开始聊天前问亨克要烟，而亨克则会奉上他在公司附近乔丹区的黑市上买到的香烟，除了一种叫梅塞德斯的埃及烟，大多数时候亨克都能找到味道较佳的荷兰本国香烟。

范丹就会点起一支烟来，问些诸如"城里的情况怎么样"或者"你有什么关于这场战争的最新消息吗"之类的问题。亨克就会将他所掌握的消息和盘托出，并和这里的先生们讨论起来。我也一样，只不过我的讨论圈子是这屋里的女士们。而好奇的安妮总是冲在讨论的最前线，不会放过任何一边的讨论。她是这里最具好奇心和最为坦率的人，她向我们这些探访者问候的方式就是接二连三地提出一大堆的问题。

因为弗兰克一家和范丹一家正在藏匿之中，所以他们都不可能去领取配给券了。而要养活避难所里的七个大活人，我们又极其需要这些配给券。为了解决这个问题，我和亨克去找了一些黑市的渠道，不过我们需要所有七个人的身份证才行。因为对亨克完全信任，他们连问都不问就将所有七张身份证都交给了他。

之所以亨克要拿着这些证件去和他找来的地下渠道联络，是为了证明在他手上确实有七个需要养活的"黑户口"。这些非法组织就会将一些偷来的或者伪造的配给券给他。拿到以后，亨克就会转交给我，我再将它们收在我的办公室里，以备在每天出去采购食物的时候使用。

亨克有个朋友在莱茵街上开了一家叫作科莫的书店，那里也可以出租图书。每周亨克都会来问一问楼上的七个人，有什么想看的书，然后就去那家店里帮大家找书。大部分的书都可以找到，而且只要几毛钱就可以带回一大堆书来。

然后，我就负责把新借来的书给他们送去，并且将已经看完的书拿回来。我通常都会选在星期六去送书、取书，因为那是我们的非办公时间，所以不会有外人进进出出。大量的书籍在这个避难所里流转着，通常都会被不同的人看上好几遍。

亨克、库普休斯、克拉勒、埃莉和我都尽量轮流上去造访。楼上的人们时刻渴望见到我们，时间对于自我禁闭在这四间小屋中的人们来说是如此难熬。他们若要呼吸新鲜空气就得上顶层的小阁楼去，在那里透过天窗可以照到阳光，看到一小片天空，还有远处西教堂的钟楼。这个小阁楼不但是晾衣服的地方，而且是存放食物的地方，那些装食物的袋子就摆在过道的显眼处，公司旧文件箱的旁边。彼得喜欢在阁楼里做些敲敲打打的手工，在那里搞了个小作坊。安妮和玛戈也喜欢待在阁楼里看书。

我们对他们两家人的探访在日复一日中渐渐形成了某种各司其职的模式。比如，我会在每天早上去，是他们在小屋内困锁一夜后的第一个到访者。不过，这种晨间的探视是事务性的，几乎不作逗留，主要就是去取杂货清单，看看他们那天都需要些什么。而埃莉则会在午餐的时候上去，通常都会在那里吃到些弗兰克太太或者范丹太太准备的菜肴。接下来就轮到亨克了，他每天中午主要是去和那里的先生们分享当日的新闻。

下午若是风平浪静，我就会带着买好的东西上去找他们，并在那儿坐上一会儿。另外，库普休斯和克拉勒也会时不时地上去问些生意上的问题，因为弗兰克先生和范丹先生是生意老手。到了每天的下班时间，等最后一个工人离开以后，我们中的一个人就会上去"解除警报"，他们可以正常活动了，不再需要为发出任何声响而担心。

在最开始的几天里，大家都对那条通向避难所的陡峭台阶很不习惯。我有好几次不小心将脑门撞在那低矮的天花板上，以至于到他们的小屋时，疼得满眼泪水。所有人都曾经这样被撞到过，除了亨克——这个在我们中个子最高的人，他从来都是弯腰上楼的。此后，我们这些撞伤脑袋的滑稽经历，就成了避难所里的一个笑柄。终于，当有人钉了块旧毛巾在那个地方以后，就再也没有谁的脑门遭过殃了。

几乎从他们刚刚搬进这个避难所的时候，安妮就开始问我："梅普，不如你和亨克晚上睡到我们这儿来吧？那该多好啊。"

"好啊，总有一天我们会过来的。"我向她承诺。

每个人都很想我们去那儿过上一夜，我向他们保证我俩总有一天会去的。不过在我们将这个承诺兑现之前，弗兰克先生就向我们发出了邀请，邀请我和亨克作为特别贵宾过去参加一个超级派对。他们要为我俩举行结婚一周年的纪念派对，时间就定在六月十八日礼拜六。我们欣然接受了邀请。

那天晚上，我在所有人都下班以后留在了公司里。亨克也过来了，我俩都为这个难得的聚会而打扮了一番。

我们上楼，一进屋子，就闻到了阵阵菜肴的香气，我们又走上楼梯，进入范丹夫妇的房间，发现那里济济一堂，餐桌也已经布置好了，大家都围在桌边等着欢迎我俩呢。

安妮拿过来一份亲手打印的菜谱。她一定是趁着夜色偷偷进了弗兰克先生的办公室，用公司的打字机打的。菜谱上印着标题："吉斯夫妇结婚一周年纪念晚宴，由'阁楼'提供。"（安妮管他们的藏身之地叫"阁楼"。）接下来是每一道菜的内容，安妮还为每道菜附上了自己的点评。其中，餐汤被她命名为"亨泽街牛肉汤"，而亨泽街正是我和亨克住的地方。我们看着这样的菜谱，心中满是甜蜜。

下一道菜，安妮用那个肉店主人的名字来命名，叫"斯科尔特烤肉"。接着是"黎塞留沙律""荷兰酸酱沙律""马铃薯一份"。她在菜谱上继续对牛肉酱进行了补充解释："敬请少量取用——因为黄油配给券的数量正在不断减少。"菜谱上还有"特劳特曼斯霍芬米饭"（特劳特曼斯霍芬是德国一个出产稻米的乡间小镇），"肉桂覆盆子甜果汁"，"加入糖、奶油以及各种惊喜的咖啡"。

我向安妮保证会永远珍惜她为我们的纪念日而制作的菜谱。这时候，范丹太太宣布晚宴即将开始。围着桌子拥挤地排列着并不配套的九张椅子，亨克和我被安排坐在上座，其他人则围在我们的两边落座。

落座以后，我们的晚宴就开始了。菜肴的味道极好，我觉得这一桌菜应该是范丹太太做的。我对范丹先生说："我原来还不知道您太太的厨艺如此优秀，这些食物简直太可口了。"

范丹欣慰地笑着说："你不知道吗？我太太可是个美食家呢。"

"我们现在知道了。"亨克插了一句。

到了盛夏时节，楼上避难所里的日子并不好过。因为在那里白天需要拉起窗帘，晚上又要在窗前覆上遮光纸，所以室内难有什么新鲜空气。在每天的办公时间里，只有左边的那扇窗户可以微微开启，为了给外界造成有人在里面工作的假象。所以，就算天气凉爽，那里还是有些通风不良。气温越高，房间里面就越闷热。好在房子后面有一棵高大的栗子树，正好为这个避难所挡住了日头的直晒，使得这里没有那么酷热了。

自从将那杂乱无章的小房间整理好以后，躲在避难所里的朋友们有了越来越多的办法不让自己闲着。当我在下面静静地工作时，他们没有一个人在楼上无所事事，大家看书、学习、玩纸牌、削胡萝卜、做算术，就这样忙活一整天。为了走路时不发出声响，他们白天都不穿鞋，只穿袜子。

每当我去看他们的时候，他们总是只将最友善、最热情的一面展现出来，哪怕他们生活得如此局促。很快，他们之间的团队精神就开始形成了，无论什么事情交到他们手里，都可以很快地完成。他们之间的不同性格被混合在一起，并且达到了一种和谐的平衡。

玛戈和彼得的性格比较内向，总是静静地待在一旁。范丹太太则比较情绪化，而且有些夸夸其谈。弗兰克太太的性格温柔沉静，很有条理，虽然话不多，但是总能对环境保持敏感。范丹先生总是烟不离口，虽然他常常爱说笑话，但有时候也颇为悲观，多多少少算是个"闲不住先生"。而弗兰克先生是最沉稳的一个，思维缜密，常常教导孩子，他是这里所有人的"调和剂"。每当要做什么决定的时候，大家都会自然而然地把目光投向他。

到了八月份，夏天的暑热渐渐退去了，可是萨姆森太太还是没能找到一个安全的藏身之所。通过高音喇叭，我们听到希特勒那尖利的声音在高叫着将要夺取所谓的全面胜利。如果德国人在美英两国实现渡海作战之前赢得胜利，那么我们的一切就都完了。每当我这样想的时候，内心的担忧就像针尖一样搅扰着我的思绪，我会马上设法屏蔽这些想法。如果被这些可怕的念头占据脑海的话，我会决然失去继续坚持的力量。

我们本来以为，在此之前的搜捕已经是无以复加的卑劣行径了，但是到了八月，情况变得更为可怕。犹太人正穷尽他们的一切，想要再争取哪怕一点点的时间，找到免于被放逐的办法。有些人会投靠犹太议会，那是个本地的犹太团体，扮演了在犹太人和德国纳粹之间穿针引线的角色。通过他们，或许可以做些打磨宝石、回收金属废料之类的工作，又或者在一些特殊的商店里面做事，那些商店只为应付犹太人的基本需要，例如犹太面包房、犹太杂货店之类。现在犹太人要么被禁止进入普通商店，要么被限制在特定时段才能在普通商店进行消费。

犹太人往往采用伪造诊断书的办法来拖延时间，不是说肢体残障，就是说精神有缺陷，越晚收到强制劳动命令越好。普通犹太人心里的不安和惶恐与日俱增，因为有越来越多的人收到了征召令——要被放逐去强制劳动，而且想要逃过围捕也显得越来越困难了。每当传出德军要进行围捕时，消息就会像野火般传开，那个地区的犹太人就会想办法在当晚避免回家。第二天，当围捕结束以后，人们就再出来寻找各自的家人和朋友，看看都有谁还没有被抓走。

丈夫和妻子在围捕中失散的事时有发生。因为当一方遭到抓捕的时候，他（她）的妻子或丈夫就会迅速搬走避难。当屋子里的犹太人都搬走以后，再过一个星期左右，会有一家叫 PULS 的公司进驻，那是一家专门接管犹太人财物的公司。他们派来的小货车会停在楼下，工人们则迅速地把那间屋子搬得徒留四壁。不久之后，通常都是几天之内，那些本土纳粹分子就会搬进这些空置的房子里，他们往往都有这种优先选择的特权。

一九四二年八月六日，也被称为黑色星期四。那次的围捕持续了很久，从白天一直到夜晚。我们听说有犹太人被当街截住后拖走；也有些人被枪顶着脑袋，从家里赶出来，被勒令锁上门，并交出钥匙，放弃一切财物；好多人都被打得不轻。有人说，那天围捕之后，有好多犹太人闻风自杀。晚上，当我下班回家的时候，总是能从左邻右舍的口中详细地听到这些骇人的故事。

近来，埃莉问起克拉勒先生，她的父亲失业了，但还要养活其他六个孩子，想看看是不是能到我们公司来工作。公司的工厂那个时候也正好需要一个帮工。

虽然弗兰克先生肯定会同意此事，但是克拉勒还是将这件事详细地向他交代了一下。因为弗兰克先生是这里的无冕之王，每当要做什么决定时，大家都还是会找他拿主意。所以，埃莉的爸爸沃森先生就来我们公司和大家共事了。他听命于克拉勒先生，主要的工作就是将各种混合好的香料放入磨机磨碎，并负责它们的包装和运输。

沃森先生是个快五十岁的瘦高个儿，差不多有亨克那么高了。就在他来我们公司做事后不久，有一天，我发现弗兰克先生已经把他也算到自己的秘密躲藏计划中了。为了更好地保护阁楼里的人，克拉勒先生和沃森先生在通向阁楼的通道门口做了一个可以开合的书柜。这个装满了成捆空白账簿的书柜将通道口遮得严严实实。从外面根本看不出来那个柜子的后面有个门，而且柜子上面的墙上还有张许多年前粘上去的卢森堡地图。

沃森先生还在柜子的后面装了个钩子，阁楼里的人就可以把柜子的一侧从里面拴住。这样，当有人进出的时候，整个柜子就可以像门那样自由开合了。

装个这样的书柜真是个好办法。埃莉后来跟我说这是弗兰克先生的点子。现在的阿姆斯特丹已经在一夜之间风声鹤唳起来，但进入这个阁楼躲藏时的那种安全感，仿佛像走进教堂里的至圣所一样，我们的朋友躲在里面安全稳妥。

每次当我打开那个书柜要去阁楼的时候，我都会在脸上挂起笑容，将心中那氤氲不散的苦楚遮掩起来。我进去后，做完一个深呼吸，再拉上书柜，然后做出一个镇定欣喜的表情———一种当下阿姆斯特丹久违了的表情。这样我的那些朋友们就不会失望，也不会为了我的痛苦而有所保留了。

第九章

暂时还没有被捕的犹太人已经害怕得不敢出门了，他们日复一日地承受着难以负荷的心惊肉跳。外面的每一个声音都仿佛是绿警察上门的脚步，每个门铃声、敲门声、脚步声、汽车声都好像是来抓捕的信号。很多人只是呆坐在家里，等待。

萨姆森太太宣布说她已经找到了避难所，马上就要去那里躲藏起来。我们听到后都很高兴。她原本还想透露更多的信息，不过我们告诉她，我俩知道得越少，对我们所有人来说就越安全。

亨克向她提出了一个请求："您可以晚些搬走吗？等我和梅普去度假的时候再搬。可以等到九月再搬吗？这样的话如果我们不幸被捕，到时候查问起来我们就可以对您的消失表示一无所知了，因为我俩去度假了。"

萨姆森太太说她会等一等再搬的。我们都很清楚这对她来说确实是一种牺牲，哪怕只是多等几天，都是一种煎熬。但是，我们还要对躲在公司阁楼里的那七个人负责，他们的安危已经超越了我们自身的安全。如果我们有个三长两短，那么对他们来说可能是灭顶之灾。

在那段时间里，想要了解周遭的局势是件很不容易的事。官方的报纸除了谎言还是谎言，对战争的细节通常也都是夸夸其谈。八月，德国人宣布他们已经占领了苏联的莫兹多克油田，还说他们在战斗中大获全胜。但是英国广播公司告诉我们，其实德国人夺取了油田也没有用，因为苏联人在撤退以前已经用焦土政策将油田的设施给破坏了。

不久后，德国方面的消息说他们的第六军团已逼近伏尔加河，就在斯大林格勒北面了，对该城的包围态势已经形成。与此同时，荷兰流亡政府的橙色广播说：德军在战斗中付出了惨重的伤亡代价，而且莫斯科已经发誓要战至最后一兵一卒。苏联人看起来是准备打持久战了。

德国占领军称他们对犹太人的放逐为"迁徙再定居"，还说那些被带走的犹太人得到了体面的照顾，有合适的食物和住宿，并且全家人都被安排在了一起。但是，与此同时，英国的广播说那些关在德国监狱里的波兰犹太人被德国人用毒气杀害，而从荷兰抓去的犹太人则在做奴工，他们通常都被送去那些远离祖国的地方，要么是德国，要么是波兰。

虽然我们好像不知道到底谁说的是事实，但是我们知道有些被抓走的犹太人确实寄来明信片给他们在荷兰的家人。可那些信件总是千般赞美地描写他们所在的劳动营：吃得到很好的食物，能洗热水澡等等。后来我们知道这些都是囚犯们在纳粹牢头的逼迫下写的。

不过，那些写了信的犹太人，还是在客观上传递了一些信息。比如，有人会在发自某个劳动营的明信片的末尾写道："请代我向埃伦·德格鲁特（Ellen de Groot）问好。"这是个普普通通的荷兰名字，德国人是不会对此有所怀疑的。不过德国人不会知道，在荷兰语里，ellende 是"悲苦生活"的意思，而 groot 则表示"可怕"。所以这张卡片真正想传达的信息是"可怕的悲苦生活"。

我的脑子被全然对立的各种信息充斥着。我害怕去想那些坊间恐怖的传言，他们说在那些遥远的劳动营里面，囚犯的待遇极其严苛。为了保持自己坚持下去的勇气，我说服自己只去相信那些正面的好消息。我会将所有的好消息都传达给阁楼里的那七个人，而对于那些坏消息，我则一只耳朵进一只耳朵出了。渐渐地，我开始相信我们最终会赢得这场战争。

因为时事反常，所以我和亨克都不常有度假的机会。但是我们热切地渴望着假期，并且已经想好了一个十天的度假计划——去阿姆斯特丹郊外的一个小镇。我们在那里的林间散步、小憩，不过一想起那些还在阁楼里躲藏着的朋友们，我就始终无法释怀。

当我们回到家里的时候，萨姆森太太已经悄无声息地走了。

好在弗兰克和范丹两家在整个夏天都安然无恙，在这个时候，健康实在太重要了。因为若是有人在阁楼里病了，但条件又不允许他们下楼出去看病，这是我们最为担心的事情。我们大家都有这样的担心，其中弗兰克太太尤甚，她特别注意孩子们的健康状况，总是十分留意他们的吃穿，留意他们有没有着凉，有没有任何生病的征兆。

范丹先生那个开肉铺的朋友不是唯一一个在基本膳食上为我们提供帮助的人。库普休斯先生的一个朋友在阿姆斯特丹开面包连锁店，自从我们那些朋友躲藏起来开始，库普休斯先生就和他商量好了，由他提供一定数量的面包，每周两三次，就送来我们的公司。我们每次都会用尽我们的食物配给券去换面包，而那些额外的面包，他们说好在战后以现金的形式付账。因为公司也有相当数量的工人，所以这样大量地定期购买面包从没有引起过任何怀疑。

我也开始固定地在莱利大街（Leliegracht）上的一家小店里购买蔬菜。那个店主很好，我每次都会尽量多地采购各种他当天所贩卖的蔬菜。几周以后，店主发现我总是购买数量巨大的蔬菜。虽然我俩之间没有对话过，但是他此后会特别为我准备好蔬菜。每次我上门的时候，他都会从店里的其他地方把那些菜拿出来给我。

我总会将这些食材都装进袋子，然后迅速返回公司，并将这些东西放在我的办公桌和窗子间的空隙里。这样就不会被外面来我们公司办事的人看见了。

迟些时候，如果那天安全的话，我就会将这些蔬菜带上去。不过那些马铃薯太重，所以我让那位卖蔬菜给我的好心店主在午餐时间来送货。我总是会在厨房里等他，这样就可以确保搬运过程的顺利，不会有其他人进来。我指示他将东西放到厨房的柜子里，这样，彼得就可以在晚上下来，到厨房取这些马铃薯了。我和那位先生之间仍然不发一语，我想大家都心照不宣。

我在为阁楼里的七个人采购食物的同时，也会买上亨克和我自己的那份。我往往会走遍好几家店铺，希望可以买到足够数量的食物。时事反常，所有人都在尽量多地囤积东西，所以一次性购买大量的东西看上去也不会特别显眼。而且，好些店主在卖东西时也不会特别在意那些配给券。比如我只有购买两磅马铃薯的配给券，而我又想买三磅马铃薯，那么我就会在配给券之外再付上一些现金，店主也乐于这样做生意，这样做大多数时候都没有问题。

牛奶是由埃莉负责采购的。在荷兰，送奶上门是很普遍的，无论是送去公司还是住家。每天都会有新鲜的牛奶送来，因为大家都很清楚公司通常都需要大量的牛奶，所以当我们这么做时，也不曾引起过送奶工的怀疑。每天牛奶都会风雨无阻地送到公司门前，而埃莉要做的就是在她去阁楼吃午饭的时候，一并带上当天的牛奶。

弗兰克先生告诉我，现在的这个躲藏计划是由库普休斯先生最早提出的，然后他们俩一起做了最初的部署。后来，他们又邀请了范丹先生加入，邀请他们一家也躲进这个阁楼里。至于那些家具、风干食物、罐头制品也都被秘密地运上了阁楼。而一包接一包的豆子、果酱、汤料、布匹，还有厨房用具，也在夜深人静的时候被搬了上去。虽然我不太清楚具体的细节，不过我相信库普休斯先生肯定叫了他弟弟来帮忙，在他弟弟经营的一家清洁服务公司里，有一辆可以运送大件物品的小货车。此外，我觉得克拉勒先生也肯定留意到这种蚂蚁搬家式的搬运行动。

弗兰克先生在阁楼里负责照管孩子们的学业。就算在阁楼里，他们对孩子的学习要求还是一样的严格，照样会布置功课，由弗兰克先生批改。因为彼得已经过了学生的年龄，所以弗兰克先生针对他制订了额外的学习计划。我想弗兰克先生要是去当老师的话，一定会是个很棒的老师。他既和蔼又严厉，而且在他的课堂上总会带着那么一点幽默。

孩子们每天都会将好些时间用在学习上。对于一向好学的玛戈来说，这一点也不成问题。而对于安妮，虽然她的专注力不及玛戈，但苦读对她也并非难事。安妮经常写日记，就写在她那本橙红格子的布面日记本上。这本本子是几周前爸爸送给她的生日礼物，六月十二日是她十三岁生日，那时候他们还没有躲进这个阁楼。在这个阁楼里，安妮只会在两个地方写她的日记，要么在她自己的小卧室里，要么在弗兰克夫妇的房间里。虽然写日记是众人皆知的事情，但是她仍然会等到没人的时候再写。显然，弗兰克先生已经和大家打过招呼了，请大家不要打扰安妮的写作。

弗兰克先生对我说，安妮总是随身携带着那个日记本，这也成了其他人的笑柄。她究竟从哪里找来了这么多写日记的素材？每当面对这种讪笑的时候，安妮的小脸就会变得红红的，她总是会马上反唇相讥，反应奇快。不过，为了安全起见，她还是将那本日记藏在了她爸爸的旧皮包里。

安妮对自己最为满意的就是纤瘦的身材和深棕色的秀发。为了使头发有健康的光泽，她每天都要乐此不疲地梳上好几次头。每当她梳头的时候，就会披上一件三角形的细棉披肩，用来接住那些被梳下来的头发。披肩米色的布上有粉红和浅绿相间的线条、蓝色的小花，还有其他一些小图案。每天睡前，安妮都会用卷发器将发梢卷起，玛戈也是这样。

这两个小姑娘无论做饭、刷锅、削土豆、收拾厨房，样样都来帮忙。此外，两人都很喜欢阅读。有时候，安妮会将她收集的那些明星画片摊开来，然后满眼倾慕地看着画中的那些明星。她也喜欢和所有愿意听的人大谈电影和电影明星。

每次当我悄悄地去阁楼的时候，就会发现里面的人们都各自做着自己的事情。这个场景像极了一场大戏中的环境布景：有人低头看着书；有人正优雅地削着一颗马铃薯，下面还有一堆削下来的果皮；有人漫不经心地织着毛线；有人正安详闲适地抚摸着一只猫咪；也有人执笔在纸上写写画画，间或还有因思考而产生的停顿。只是没有人说话，大家都保持着安静。

不过当我从楼梯上探出头来的时候，阁楼里的人就一下子都望向了我，大家的眼睛仿佛都因为期待而睁大了几分。大家的那种渴望好像要把我像海绵一样吸干。然后总是安妮第一个出声，连珠炮似的问出一串问题。"外面情况怎么样？""你那袋子里都带了些什么？""有没有听说什么最新的消息？"

在萨姆森太太搬走以后，亨克马上就在公寓门口挂上了我们的名字，因为我们的名字都是些普通的基督教姓名。我们担心如果还在门前留着萨姆森太太那个典型的犹太人名字，将会给我们带来麻烦，或许那家 PULS 公司会过来清走属于萨姆森太太的那些家具。当然，等他们回来的时候，我俩会将这些东西物归原主。

萨姆森太太是在九月份搬走的，过了不久，大概也就是一个月到六个星期的光景，我们收到了盖有希尔弗瑟姆镇邮戳的一封信，那是阿姆斯特丹郊外的一个小镇。信的署名是范德哈特太太——一个我们根本不认识的人。不过在仔细阅读这封信之后，我们意识到这封信是萨姆森太太写的，看来她现在正躲藏在希尔弗瑟姆镇上的范德哈特太太那里。信上说萨姆森太太感觉很孤单，所以请范德哈特太太写信给我们，邀请我们去她那里拜访。

盛情难却，我和亨克就坐着火车从阿姆斯特丹去了希尔弗瑟姆镇。路途不算远，加上步行我们也只用了四十五分钟。我们找到了信上说的那个地址，那是幢极大的别墅，它的主人看上去来头不小。

我按过门铃，并向应门的那位女士表明了来意。她就是范德哈特太太，她把我们让进屋里。她向我们解释道，她和她的独子一起住在这幢别墅里，儿子二十一岁，是个大学生。她的丈夫因为战争而被困在了美国，不能回来，而且她已经两年没有丈夫的消息了。谈话间，范德哈特太太一个劲儿地为屋里的环境向我们表示歉意，她说因为在战前她们一直都雇人来打扫房子，但是现在上上下下都要靠她一个人亲自动手了。

她带我们上楼，来到一个漂亮的房间里，我们在那里见到了萨姆森太太。虽然仍然担惊受怕、寝食难安，但是她在这里得到了很好的照顾。后来我们才知道，这里原来是为萨姆森太太的女儿一家准备的避难所，如果她的女儿女婿那天不去中央火车站的话，他们现在也应该在这间屋子里。不幸的是，这对夫妇已经在德国人的手里消失了，而他们的两个孩子也已经另觅避难所躲藏起来了。

临走前，我和萨姆森太太介绍了阿姆斯特丹的情况，并且向她保证说我们还会再来。然后我们就坐傍晚的火车回到了阿姆斯特丹。

就在那些天里，我们收到了一封信，写信的是一位犹太老先生，他是弗兰克先生的朋友，我在原来那些周六下午的聚会上见过他一次。他在信中请求我们快去他家里找他，说是事情紧急。

亨克一个人去找这位老先生，随后面色苍白、无精打采地回来了。他带回两大册书，装帧极其考究，书页烫了金边，印刷精良。那是一套英文版的《莎士比亚全集》。亨克说那位老先生看上去六十多岁了，和他那独身的姐姐还有老母亲住在一起。他一见到亨克，就问他还有没有安全的避难所可以收留他们。亨克摇摇头继续说："在他问的时候，我就在想，像他这么大年纪的人是根本不可能找到避难所的，不过我还是不忍心说真话，便说'我会去找一找'。"

然后那位老先生就从他的书架上拿下了这两大册《莎士比亚全集》。那书架上摆满了装帧精良的皮面图书。老人随后问道："吉斯先生，您可以帮我一个忙吗？帮我将这些东西保存在您家里，直到战争结束，可以吗？"

亨克对他说："是的，当然可以了。"

所以这两本《莎士比亚全集》就是那位老人要亨克代为保管的东西了。我和他相视无言，面对这种情况，任何语言都是苍白的。我们都很清楚，对于如此年长的老人来说，要找到避难所难于登天。亨克承诺他会去帮忙找找，而且也确实尝试过了，不过一无所获。

我知道面对这位老人，亨克的心情有多么糟糕。我也经历过这样的感觉，那时有个可怜的犹太老妇就坐在我们家门口的石阶上，绿警察过来要将她抓走，她眼里那种哀求的目光投向每一个从旁经过的路人。我那时也正好路过，可是无能为力。为数众多的犹太人只能在街上游荡，或者无助地坐在路边的石阶上，因为他们根本不被允许在公园的长椅上歇脚，或是去咖啡厅里坐坐。

近来，绿警察和纳粹党卫军开始在白天对犹太人进行突击围捕。因为这是抓捕那些躲在家里的犹太人的最好时机，他们通常是抓些老弱病残又手无寸铁的人。迫于这种围捕情势，好些犹太人被迫白天也要走出家门，以躲避德国人的上门搜捕。他们在街上常会向其他的行人打听围捕的情况：附近有士兵集结的迹象没有？那些军人们现在在哪里？

虽然我很想对这位遭难的老妇伸出援手，但是我深深地知道，一切都必须谨慎行事。因为我所要顾虑的不仅仅是我自己，在我的身后还有一群等待我照顾的人们。因此，看着那个妇人，我选择默然地走开了。可回到家里，关上门的那一刻，我的心在淌血。

安妮他们总是盼着我们去阁楼里过上一夜。他们不断地用各种方式乞求我们过去，终于有一天，我带上了我俩的睡衣去公司上班。

当我告诉安妮和弗兰克太太说我终于决定要来过夜的时候，她们是如此兴奋，简直像要接待女王陛下来访一样。安妮兴奋到使劲地搓着双手，"梅普和亨克今晚要来过夜了。"她迫不及待地跑去告诉阁楼里的其他人。

我对弗兰克太太说："请不要为我们而小题大做了。"希望可以舒缓一下她难以遏制的兴奋。

弗兰克太太微笑着，把手按在我的肩头，紧紧地握了一握。离开的时候，我又和正从楼梯上下来的弗兰克先生重申了一下："千万不要为我们而小题大做了。"

他微笑着摇摇头说："不会，不会，当然不会。"

那天我还将我们今晚在阁楼过夜的打算告诉了库普休斯先生。下班后，亨克来了，那时，最后一个工人准时在五点半离开了公司。库普休斯也随后向我们道了别，并从外面锁上了大门。大家都走了，公司里显得格外安静。我们再检查了一遍楼下的电灯，当确认所有的灯都已经熄灭后，我俩走上楼梯，拉开那个可以开合的书柜走了进去，我再从后面将柜子拉上。

在我们上楼的时候，阁楼里的每个人都向我们小声地问候。"工人们已经都走了。"我照例告知他们。马上，说话声、脚步声、冲厕所的水声、关门声，各种声音响成一片。现在阁楼上已经一片喧闹了，好像复活了一样。

安妮将我们带到她和玛戈的卧室。在安妮的坚持下，我和亨克今晚就睡在她们的房间里，她们则去弗兰克夫妇的房里过夜。安妮把我拉到她的床边，床上的被褥叠得很整齐，她跟我说希望我把过夜的东西放在她的床上。我笑了，告诉她我感到很荣幸，并将我的东西放了上去，又把亨克的东西放到玛戈床上。

很快，电台晚间广播的时间到了，所有人都下楼来到弗兰克先生的办公室里，将椅子围在那台放在桌上的飞利浦收音机周围。当收音机里传出那遥远而熟悉的声音时，房间里的人们都兴奋地竖起了耳朵。"这里是橙色广播。今天一切正常。英国军队……"悠悠传出的广播令大家倍感希望，这是我们和自由世界联络的唯一渠道了。

到了吃饭的时候，亨克和我被邀请坐在嘉宾席上，就像那次结婚纪念日的晚上一样。其他七个人，全都围着我俩挤在了餐桌旁。

这次由弗兰克夫妇负责做饭，晚餐既丰盛又可口。

因为是夜里，所有窗子上都盖了遮光板，又开着电灯，而且还有煮饭的余温，整个房间就像烤箱般闷热。那天阁楼里的人们都为我们的到来而打开了话匣子，从正餐到饭后的甜品，再到咖啡，大家好像总有讲不完的话。他们看起来像是在尽情地享受着有我俩陪伴的时光。

我坐着的时候，开始意识到为什么说待在这个小阁楼里就好像坐牢一样了。当我有了相同的感受以后，我尝到了住在这里的人们的那种无助的恐惧，这恐惧昼夜不散。是的，我不否认现在是战争时期，但是我和亨克起码还有行动的自由，来去自如。而这里的人们却待在自己的监狱里——这间从里面上锁的监狱。

考虑到如果我俩不下楼睡觉，那么范丹夫妇就无法在这个饭厅支床休息，我们依依不舍地和大家道了晚安。接着，我、亨克和弗兰克一家就都下楼去了。在楼下，我们又一次互道晚安，我和亨克来到我们的小房间里准备睡觉，房间的墙上贴满了安妮挑选的明星海报。

我爬进了安妮的小床，里面铺了一层又一层的毯子，睡起来很暖和。如果这样安妮都还要着凉，那简直匪夷所思。这个房间里还是有些凉意，我将自己裹得暖暖的，蜷在被窝里。屋子里的任何声响都听得清清楚楚，范丹先生的咳嗽声，床垫弹簧的吱嘎声，卧室里拖鞋掉落的声音，洗手间冲水的声音，还有猫咪莫斯奇落在我们头顶上的脚步声。

远处西教堂上的大钟每隔十五分钟就会敲响一下，我从来没有意识到这钟声在万籁俱寂的时候是如此之响，它的回音荡漾在这阁楼上的每一个房间里。我白天在办公室里之所以不觉得声音响，正是因为阁楼这边的侧翼建筑阻隔了一部分声音。怪不得我在总务室里听到的钟声总是悠远而舒缓。

这钟声令我一夜都难以合眼，每一下我都听得清清楚楚。我还听到外面风雨交加的声音，各种声响令这里的寂静荡然无存。这一夜令我真实地感受到了锁闭在这阁楼里的人们正在承受的恐惧，它也沉沉向我压来。这种恐怖的张力就像一条不停绷紧的丝线，恐怖到令我难以闭上眼睛。

　　这是我第一次真切地体会到犹太人在避难中的感受。

第十章

那天外面下着暴雨，直到东方露出鱼肚白，我还是没有睡着。清晨时分，我就听见屋里的大人们起床了，然后是轮流使用洗手间的声音，因为大家都要赶在楼下的工人上班前洗漱完毕。

我和亨克也迅速起来换好衣服。我们走去楼上和大家一起吃早餐，还是围在那张餐桌前。亨克第一个吃完，因为他需要在工人们来上班之前离开我们公司。从其他人的表情中我看得出，大家都舍不得他走。

我就尽量在阁楼里多待上一会儿，她们做的咖啡我喝了一杯又一杯，再一次受到了女皇般的待遇。"昨晚睡得好不好啊？教堂的钟声有没有吵到你啊？你听见那飞去轰炸德国的战机声了吗？这些没有令你难以入睡吧？"

安妮连珠炮似的问了一堆问题，虽然我不想令她们失望，不过我还是尽力回答了这些问题，因为昨晚那个充满恐惧的夜实在太漫长了，我不愿意背叛自己的感受。

安妮的脸上终于洋溢出几分满意的神情。她凝视着我，一言不发。然而我们都知道现在我已大致由局外人成了局内人，因为我也经历过了避难所的夜晚。

"你还会再来过夜吗？"她问道。

其他人也在一旁怂恿："好啊，好啊，尽快再来和我们一起过夜。"

"是的，我们还会再来住的。"我回答。

"你可以睡我的床，和守护者靠得这么近，感觉很安全。"安妮自告奋勇。

我向她保证，我们一直靠得很近。"即使身体不能紧挨着，精神上也要。"

"晚上也会？"安妮问道。

"晚上也会。"我答道。

她凝视了我一分钟，然后换了一个表情："而且你也不会因为上班而在这滂沱大雨中淋湿了。"

一九四二年十月初，大扫荡开始了。十月二日被称作黑色星期五。当天，犹太人中盛传一次规模浩大的扫荡即将来临。那天，人们充满恐惧地等待着士兵上楼的靴子声以及门铃声。恐怖的谣言四起，以至于整个阿姆斯特丹的犹太人都沉浸在恐慌中。

这轮关于大扫荡的谣言似有恶意。然而突然间，谣言却中止了。就这样又过了数周。新的传闻说对犹太人的驱逐已经结束。可能是集中营已经爆满，也可能是德国人已有了足够的劳动力。

那一年荷兰的秋天又冷又雨，也和往年一样阴郁。英国广播公司和橙色电台说，俄国的雨天拖慢了德军第六军团的步伐。由艾森豪威尔将军率领的英美联军，已于十一月八日在摩洛哥和阿尔及利亚海岸登陆，伟大的蒙哥马利将军也令隆美尔将军的军团节节败退。虽然缓慢，但确实是步步为营。德军控制的报纸依然在叫嚣战争即将胜利，很快德国将会征服整个欧洲，包括英国，还有北非、埃及，甚至更多国家。

如今每次去商店，我都不知道能买到些什么。每次店里的东西都比上次更少，等候购物的队伍一次比一次长，排队的人们看上去更加衣衫褴褛。然而，稍微多花一些时间耐心搜寻，还是不难找全阁楼上七名避难者以及我和亨克需要的食物。

每次我踏入避难所，安妮、弗兰克夫人和范丹夫人总是要我讲述书架另一头的世界的情形。男人们也用相同的方式询问亨克。安妮总是问我他们位于梅尔温德街的公寓是否已被德国人洗劫一空。好几次我骑自行车经过那里，朝里面张望，总是什么也看不到，盖在弗兰克家窗户上的窗帘依旧，于是我告诉她我不清楚。

有一天我碰巧见到范丹家的房子被清空了。范丹夫人对这个消息有些受不了，有些悲痛欲绝。我对自己发誓，对于会引起他们不安的新闻，尽量绝口不提。然而要做到这一点也并不容易，安妮似乎有侦探的天分，她总能感觉到我隐瞒了一些事情，软磨硬泡、试探和凝视，直到我把原本打算隐藏的内容和盘托出。

受坏消息影响最深的要属弗兰克太太。随着冬天逐渐来临，她的生活态度越来越消极。其余人都为大扫荡可能结束的传闻欢欣鼓舞，对英国广播公司和橙色广播关于英美联军进攻的消息充满希望，但这些都不能令弗兰克太太振作起来。没有一条令人鼓舞的新闻能改变她灰暗的前景。当我们所有人都在争论与她相悖的想法时，她也看不到隧道另一头的曙光。

尽管对犹太人的迫害暂时平息，犹太人还是毫无安全感。虽然有些人走了很久，剩余的人仍生活在恐惧中，除了从事日渐减少的保护性行业的人之外，大多数人的生活都了无生趣。基督徒在犹太外科医生或牙医那里看病，很久以前就已成为非法之举，但我仍然继续接受阿尔伯特·杜赛尔的治疗。他是一个出色的牙医——事实上是外科医生，也是一个我器重的人。

那个秋天的某一日，我去他诊所看病时，他用防御性的口吻小声问我："梅普，你是否知道哪里有可供我藏身的地方？"

我一边摇头一边回答他："我不知道。"我向他保证，如果我知道有这么个地方，我会告诉他。

第二天，当我向避难所传递消息时，我向弗兰克先生提起在杜赛尔医生那里的经历，以及他正在寻找避难处的事。弗兰克先生听得饶有兴趣。杜赛尔和他夫人作为来自德国的难民，此前经常出席弗兰克家周六下午的聚会。看得出来，弗兰克先生和我一样对杜赛尔也很有好感。

对于这个消息我并没有想太多，直到数天后的一个下午，我探访避难所的时候，弗兰克先生说有些事要和我商量。等我坐下，弗兰克先生开口说道："梅普，如果七个人能吃饱，八个人应该也不成问题。我们所有人已经讨论过这个问题，我们决定让杜赛尔加入我们的避难所。不过他必须明天一早就来。"

弗兰克先生继续向我解释希望杜赛尔明早立刻过来的原因。他不想给杜赛尔留有时间把这件事告诉任何人，或有时间作充分的准备，那样可能会引人怀疑，从而给现在已在避难所的人带来任何危险。我完全理解弗兰克先生，并告诉他我会立即传达他的邀请。

下班后，我直接去了阿尔伯特·杜赛尔的公寓，告诉他我找到了一个可供他避难的地方。我没有告诉他细节，除了这个信息。"但你必须明早就出发，这是唯一的条件。"

杜赛尔露出失望的神情，难过地摇了摇头。"不行，"他说，"有一个骨头有问题的女士在我这里治疗很久了，明天是最后一次治疗。我不能失信于她，不能让她继续受苦。"他长叹了一口气，"实在是不行，不行。之后几天都可以，但明天……不行。"

我一言不发，就此离去。

第二天早晨，我带着沉重的心情前往避难所，告诉他们我与杜赛尔的对话。弗兰克先生听完了我的讲述。我能感觉到这个话题给他们每一个人都带来了额外的不必要的焦虑，毕竟要从外面再带一个人进来。

弗兰克先生表示他还要跟每一个人商量，关于杜赛尔目前的处境。

那天下午离开办公室前，我再一次走到楼上的避难所，问道："怎么样，关于杜赛尔的事情你们有决定了吗？"

弗兰克先生严肃地宣布："经过讨论，我们认为一个负责任的医生不能放下治疗中的病人不管。这一点我们很尊重他。告诉杜赛尔，如果他愿意下星期一早上过来，这里就有他的位置。"弗兰克先生继续说道，

"我们想出了一个办法，梅普，虽然是有危险，但你愿意帮忙吗？"

我告诉他我愿意。

于是他详细地向我解释了他们的计划。

下班后，我去了杜赛尔医生那里，告诉他我之前跟他提过的那个避难所下星期一也可以去。我从他眼中看到了新的希望。"星期一非常好，我的病人已治疗完，我可以。"他说。

"很好，我这就告诉你怎么去。星期一早上十一点，请你到 N.Z. 福尔伯格沃路邮政总局，在门前走上走下，让人以为你在散步。一旦联络人确认你的身份，有人会上前来，跟你说一句'请跟我来'。然后你不用说话，只要跟着他走就行。还有，"我提醒他，"尽量少带一些东西，不要让人生疑。只要你安全到达避难所，以后总有办法拿你要的东西，我们来想办法。"

杜赛尔医生由衷地感谢我。看得出来，他确信我在中间的角色只是一个信差。他向我告别："战争结束后再见。"他向我敬礼，我也祝他一路平安。我们的交谈到此为止。我们都知道，在犹太人前往避难所的途中，危险随时有可能出现，尤其是通往安全之路的最后几个小时。

我还能感受到，杜赛尔想象中的避难所是在国外，与其他许多的避难所一样。

杜赛尔的联络人是库普休斯。杜赛尔从未见过库普休斯，所以杜赛尔不可能由库普休斯联想到弗兰克。杜赛尔也没去过我们的办公室。和大部分绝望的犹太人一样，阿尔伯特·杜赛尔正将他自己，他的安危，甚至他的性命交付在陌生人的手中。

星期一早晨，我像往常一样坐在办公桌前办公。大约十一点半，库普休斯先生走过来告诉我："一切顺利。我已经把他从大厅带到弗兰克先生的私人办公室。他在那里等着，很惊讶自己被带到了阿姆斯特丹的市中心，而不是国外。梅普，剩下的工作就交给你了。"

我迅速走进弗兰克先生的私人办公室。

"梅普!"杜赛尔看到我惊呼道,带着愕然的神情。

看到他如此惊愕,我能做的只有尽力忍住不笑。我对他说:"把外套给我。"

他脱下外套,表情已转为困惑。

我把他的外套搭在我的手臂上。"跟我来吧,"我对他说,"我们上楼。"我把杜赛尔推上隔着避难所书架的旧楼梯。我打开书架背后的门,直接走上楼,进入范丹的房间。我们继续走进去,见到所有人都围着桌子站着,等待着他的到来。咖啡已预备好,还有一瓶柯纳克。杜赛尔看上去就快晕倒了。他看见弗兰克仿佛见到鬼一样,他以为弗兰克家已逃去了瑞士。谁会想到他们竟然就在阿姆斯特丹的市中心!

我心潮澎湃,几乎要笑出来。"女士们先生们,"我说道,"大功告成。"然后我转身离去,留下他们在一起。

从那以后,我每星期都与杜赛尔的太太见一次面,把他厚厚的信递给她。她比我大一岁,是一个充满魅力的金发女人。然后她给我信、书籍、包裹,以及他要求的一些牙医用具。她是一个基督徒,所以身边没有了犹太人,就相对安全了。

我告诉杜赛尔太太我不得不把东西交给其他人,再由他们把东西交给她的丈夫。我假装对她丈夫的藏身之处一无所知。然而杜赛尔太太是个谨慎而敏感的人,她知道有些方法比寻根究底更好。她从来没问过我一个问题。每星期我们交换信件和包裹,不断地重复相同的步骤。由于杜赛尔医生的加入,避难所已没地方容下我和亨克再去过夜。尽管安妮很失望,但她只能停止邀请。杜赛尔医生过来以后,玛戈搬去了弗兰克夫妇的房间与他们同住。安妮原地不动,和杜赛尔合住一间房。每个人都对新安排没有异议,但从七人变成八人,避难所已变得相当拥挤。

很快,大家发现阿尔伯特·杜赛尔很怕猫,因此不得不努力将莫斯奇和他隔离。这并不容易,因为莫斯奇并不明白杜赛尔怕它,还是跟往常一样一个劲地跟这位新朋友亲近。

莫斯奇从煤炉附近的祝酒台观望着每一个人，包括杜赛尔。炉子通常总是在范丹家的房间里燃烧。煤炭来自楼下的办公室。避难所内处处漏风、潮湿，大家经常要穿好几件衣服，甚至还要加一件披肩。尽管漏风又潮湿，煮饭和煤炉的热量还是能把房间变得温暖。除非电闸被拉，灯光总是能给各个房间带来欢乐。

在一九四二年即将过完之际，我和亨克特别小心地保暖，因为我们知道我们谁也不能生病。幸运的是，我们和避难所里的人都很健康。冬天的到来，令我感觉避难所内有一种能量正在消逝。要说清楚并不容易，但似乎某种精神正从人们的身上离去，取而代之的是萎靡不振。我感觉到杜赛尔的沉闷令安妮很是不安，安妮的任性也令杜赛尔不耐烦。弗兰克和范丹夫妇的友谊也变得僵硬。彼得比以前更多地待在阁楼上，玛戈总是能长时间地坐在同一个地方。

轻微的摩擦和病痛时有发生，但都没有危险性：杜赛尔有结膜炎，范丹太太的肋骨拉伤了。小小的病痛和抱怨，在预料之中。那么多人夜以继日地待在几个狭小的房间里，肌肉没有充分锻炼，正变得僵硬，声音总是放低，膀胱长时间地憋着，安妮充沛的精力无处释放。

这些小毛病似乎是在德军占领的阿姆斯特丹的阴霾下，仍能藏身在这安全绿洲的代价。我们估计大部分犹太人已不在阿姆斯特丹了，被运送到了东部。越来越多的荷兰基督徒也不得不去德国，帮助他们生产武器。

那个冬天的每一日，我和亨克总是在黑暗中骑着车去上班，因为直到早上九点天才会亮。下午四点半天色又转黑，因此我们又在黑夜中骑车回家。工作间隙，每天搜索足量食物的时间一天比一天长，然后前往避难所，在他们的面前保住勇气。每天晚上回到家，我已精疲力竭。

　　近来我和亨克与住在街道对面的一对荷兰夫妇开始熟络。他家怀孕的妻子临盆在即。有时候尽管宵禁，晚上我们仍会到他们的家里，非法收听英国广播公司的广播。我们会喝一些咖啡替代物，让电台里的新闻给我们一些希望，填补我们的空虚。

　　有一晚，我和亨克都感到特别累。我们一整天都十分辛苦。我此前藏了最后一点真咖啡，打算用在一些特别的场合上。那晚我主动地把它拿出来，然后对亨克说："走。"

　　我一只手拿着咖啡，亨克的大手握着我的另一只手，宵禁后我和他一起穿过马路去找对面的朋友。看到真正的咖啡，他们的表情为之一振。我们尽可能把自己弄得暖和些，围着收音机。让每一滴咖啡持续得尽可能久，我们的每一个感官都得救了，味道、香气、效果。

　　那些咖啡就像变魔术一般，很快我们如同重生一样，充满精力，应对德国压迫者。我们不再是被打败的了，只是争取时间，直到盟军到来。

　　虽充满活力但依然很困倦，我们终于和朋友告别回家。第二天对面的丈夫过来告诉我们，我们一走他的妻子就要生了，然后被出租车带到医院，迅速产下了婴儿。"没错，孩子很好，我妻子也很好。你们的咖啡真是神了！"他边笑边说。

　　我也笑了。我们很好地利用了那最后一点真咖啡。

　　德军的占领慢慢地激起了我的反感，以致数以千计的德军在俄罗斯闪电战中冻死，以及数以百计的德军在炎热荒凉的沙漠中垂死之类的新闻，令我心跳加速，充满了快感。

　　德国人依然在叫嚣，他们离斯大林格勒只剩下八十英里，然后只剩下三十公里。他们声称斯大林格勒随时将会沦陷，伟大的俄罗斯将会在希特勒的掌握中。英国广播公司和橙色电台说苏联红军已经发誓，他们会战斗至最后一个人。很明显，俄国的死伤人数巨大，德国也一样。

　　亨克早前将我们的收音机拆散，一点一点地搬去避难所的阁楼上。

这意味着我们家现在已没有收音机，不得不去附近的朋友家收听新闻，或者晚些听二手的新闻。

我和埃莉开始为避难所筹办庆祝圣尼古拉斯日的节目。弗兰克先生虽然是犹太人，但我知道他们向来对宗教仪式持自由的态度。整个荷兰在十二月五日更像是孩子们的节日。我们想给玛戈、安妮和彼得过节。

我和埃莉辛苦地作了一些圣尼古拉斯日传统的、押韵的，甚至有些好笑的诗歌。我们挖空心思，为避难所的每一个人想合适的礼物。在商店买东西已不可能，我们只好制作一些独创的、需要靠自己动手完成的东西。我们悄悄地缝纫、铸造、粘贴。然后我们把小代币和诗歌集中在一起，把它们藏在一个大篮子里。我们用一些埃莉带来的前两年庆祝圣尼古拉斯日遗留下来的装饰品装饰篮子。

我们把彩色篮子一直藏到说好的时间，让弗兰克带领所有人下楼享受惊喜。

埃莉离开公司回家去了，我也是。我一边在想晚饭给亨克做点什么，一边想象着避难所的人打开这个节日的篮子，看到这么多礼物和搞笑的押韵诗歌时，会有多么高兴。他们将有一个多妙的聚会啊！尤其是孩子，特别是安妮这个十三岁的成熟女孩，在聚会开始时会欣喜若狂得像一个充满欢乐的六岁小女孩。

想到安妮，我想起最近我留意到她脸色变得苍白，眼睛充满血丝。其他人也一样。已超过六个月他们的皮肤没有接触到一缕阳光、一口新鲜空气了。我好奇地想，德国人不知已走过王子运河街二百六十三号多少次了，他们从未怀疑，从未发现。很快我放弃了这些想法。最好想一些积极的事，例如孩子们下楼看到一篮子礼物和诗歌时会有多高兴。明天安妮将会告诉我节日的每一个细节，我们会一起开怀大笑。

第十一章

我们都确信战争会在一九四三年结束。天气极度恶劣、黑暗、阴冷，人们生活在巨大的压力之下，以至于有人已几近崩溃。

我和亨克以及所有人都十分关注斯大林格勒战役。我们此前从未听说过如此艰苦和血腥的战斗。逐步逐步地，德军正在遭遇失败，在寒冷的雪地里受冻。很好，我心想，让他们全部挨冻吧，希特勒也是。

英国广播公司第一次使用了"投降"这个词。德军已在投降的边缘，我们大胆地怀着这样的希望，但没有人能想象从希特勒的嘴里会说出"投降"这两个字。

然而二月二日他们的确输了。翌日，我们聚集在收音机旁，当德国官方电台公布投降声明时，我们都兴奋起来，相互握着手。投降声明伴随着悲怆的鼓声，以及贝多芬第五交响曲第二乐章播诵着。

多么令人快乐！希望这将是终结的开始。

不过紧随着那个好消息而来的，却是扰人的意外。克拉勒私底下告诉我，二月某个早晨无声无息地出现在办公室里的那个人，是这里的新主人。和他一起来的另一个人则是建筑师，是他的顾问。

我原有的安全感立刻消失了。这个新主人可以对这个房子做任何事。他自然会要审视一下这个新置物业的每一个房间。他怎么会不走上楼，看看现在已属于他的空间呢？

我鼓起勇气，面对可怕的情形。我的心快要跳出胸口。如果避难所现在被发现，他会怎么做？他为人是善是恶？我逼着自己继续坐在工作台前等待。

最终库普休斯从房间里走出来，脸上带着恶心的表情。我用眼神问他，他摇了摇头。"不，他没有发现。"然后一屁股坐在边上的椅子上。

"当他们问起后面的储藏室，我说找不到钥匙。我不能完全确定，但他似乎满不在乎，因为他可以随时回来，不受打扰。"

我们交换眼神，共同问了一个不可能的问题。现在该怎么办？我们开始绞尽脑汁，想象另一个能容得下八个人舒服地藏匿，可以容纳两个家庭和另一个人的地方。我们看着对方，充满了挫败感，只有告诉弗兰克先生刚才发生的一切，由他来决定。他是当家的。

"原来的主人怎么会不告诉我们这座房子被卖掉了？他怎么这么不为他人着想？"库普休斯大声抱怨，"现在我们头上悬了一把剑。"

弗兰克先生没什么建议。除了静观其变，我们确实也没什么能做的了。不知道新主人会不会回来，也不知道他还会想看什么。这额外的焦虑总是让我们心神不宁。我们等着，等了整个冬天，但新主人没有回来。

埃莉报了一个速记的函授课程，然而真正的学生是玛戈。每次寄来的课程总是给埃莉·沃森，埃莉会把东西带上楼，由玛戈完成作业。安妮也从这些课程中学习速记。由于玛戈和安妮有充足的时间练习，她们已变得很熟练。她们总是用一下午的时间做完家务后，再书写和重写速记语言。学完一课后，埃莉把功课寄回去，下一课再寄过来。埃莉总是得到很高的分数。

随着冬天逐渐延长，大家都不会离煤炉很远。我们都尽力取暖，且保持暖气。避难所内的房间小，这时候倒成了优点。每一样可以焚烧的东西都被范丹家扔到炉子里，弗兰克家也有一个小煤炉。所有的垃圾和废物都在晚上下班时间过后才烧。剩下的灰烬，以及其他无法燃烧的垃圾，则被彼得带到楼下的垃圾桶，与办公室的垃圾放在一起。办公室的垃圾很少，以至于没人发现。

　　我开始为安妮留一些练习本，为功课，也为了给她自己用。安妮总是对她所写的东西神秘兮兮，把那些纸藏在她爸爸用过的皮箱里，并且藏在她房间里私密的地方。弗兰克家总是很尊重每个人的隐私，包括孩子，而避难所中其他的私人空间非常少，所以安妮总是很受尊重。未经同意没有人敢触碰或者阅读她写的东西。

　　有一天早上，我们去上班时，发现大家都焦躁不安。前一晚有人听到吵闹声，他们怀疑下面的仓库有人入室盗窃。他们都很焦虑。他们害怕无论是谁破门而入，听到他们的脚步声都会有所警觉。

　　特别令人担忧的是，弗兰克先生的旧办公室里，收音机的指针恰好粗心地停在英国广播公司的频段，这可是犯罪。办公室里面的椅子都和收音机放在一起，以造成一群人正在听收音机的景象。他们担心窃贼会去警察局报告这里的情况，然后警察会顺藤摸瓜，对避难所进行搜捕。

　　他们把自己搞得风声鹤唳，即使仓库已经检查过，没有破门而入，或其他不寻常的迹象，他们还是对收音机以及所有其他东西有些神经过敏。我发现神经质具有传染性。

　　为了让他们平静下来，我没把周围的情形当一回事。我们开玩笑，取笑对方，很快他们也加入了玩笑的行列，取笑自己对于声音草木皆兵，取笑他们丰富的想象力。

　　三月份传来了新的命令，给留下的犹太人一个新的选择。选择包括遣送和消毒。选择消毒的人一旦消完毒就被保证安全，他们的身份证上会印上一个红色的"J"字，而不是不吉利的黑色。获得红色"J"字的人也能免除佩戴黄色的星章。

　　同时，德方也针对避难者发出了一份呼吁，保证任何藏匿者都会被原谅。原谅什么？我们感到奇怪。自然没有人相信，包括德国压迫者的任何承诺。

　　得知这个消息，避难所的人直摇头，随着时间的推移，他们越来越庆幸有如此安全的藏身之处。他们想象不到在阿姆斯特丹还有比这里更好的避难所。

三月下旬，又来了一次大扫荡。这一次连犹太人的盲人院、疯人院，甚至绝症病人收容所都被一扫而空。我竭尽所能地藏匿身边认识的和见到的朋友。如果可以避免，我从不会说一些引起恐慌的事。安妮的问题也不再那么寻根究底了。似乎没有人想了解得更多。

然后，对于仍留在阿姆斯特丹的犹太人，突然发生了一件美妙而又戏剧化的事情。掌握了犹太人、一半犹太血统、四分之一犹太血统的犹太人等具体资料的登记办公室突然失火。传闻说火势很大，破坏力很强，但没人知道究竟有多大，以及有多少登记数据在这次"美妙"的事件中被毁灭。如果所有档案在这场大火中被烧掉，德方将无法知道剩下的人口中谁该被逮捕。不幸的是，在大火中被毁灭的档案很少。

正当冬天接近尾声，四月到来的时候，疾病终于来袭了。所幸的是，病痛只打击了援助者，并不是避难所里的人。前一天大家还好好的，第二天似乎就都病了。埃莉和她的父亲都倒下了，连续几个星期都不能过来帮忙。埃莉患的是重感冒，她父亲则需要去医院检查。

我们亲爱的库普休斯先生从来就不是非常健康，他经常被敏感的肠胃困扰，且情况变得越来越糟糕。他开始内出血，医生让他多卧床，以期望适当的休息和减压能对病情有些帮助。在阿姆斯特丹的人都生活在压力、焦虑和炽热的愤怒中，医生并不知道，深切地为避难所的人担忧的库普休斯，一直都承担着一份额外的紧张、责任和压力。

亨克、克拉勒和我不得不加倍努力地探访避难所，因为病了的援助者已不能再去帮忙。对避难所的人来说，这犹如乌云遮盖了阳光，他们想念我们的每一次拜访。他们想念埃莉的小道消息，以及她和男朋友的故事。他们特别怀念库普休斯先生，他老是提供笑料、情感、小礼物及糖果，这些东西总能改变大家的心情。库普休斯总是在精神上最能振奋大家的人，穿过旋转书架来到避难所，他把自己的问题抛诸脑后，带来的只有坚强、鼓舞，以及令避难所的人感觉良好、对前景充满希望的能量。但现在，他的胃显示他已经付出了太多，不得不躺在床上休息。

我和亨克尽我们所能，弥补白天时间上的空当。奇怪的是，每次当我感到力量就快用完，强迫自己再努力一点点的时候，总有一些未知的储备能量出现。由此我发现，只要情况需要，我还有更多的力量和耐力。

乔·库普休斯回来的时间，比医生嘱咐他休息的日子要短。尽管看上去瘦弱、面无血色，他还是声称自己没事。沃森诊断出来的情况并不好，他需要在医院待更久。于是克拉勒决定仓库里需要再雇一个人。弗兰克表示同意，让他尽管去找。

克拉勒找来一个叫弗利兹·范马托的人在仓库帮忙，以顶替沃森先生的工作。由于我没有参与仓库工作，起初并没有留意这个人。我第一次意识到这个人的存在，是他来办公室接收埃莉的指令时。虽然只是感觉，但我总觉得这个人不值得同情，他的存在总令我有些不悦。范马托一直格外努力尝试和我交谈，但我对这个人依然保持冷漠和距离。

当范马托知道我和库普休斯很要好，以及库普休斯很喜欢我的时候，他甚至更努力地向我示好。我觉得他应该以为讨好我，也能拉近他和库普休斯的距离。但那对我没有用，我不自觉地对他保持冷漠。不知为什么，他身上总有些东西让我恼火。虽然只是一种感觉，但我相信我的感觉。

我和亨克偶尔会前往希尔弗瑟姆探望在避难所中的萨姆森太太。我们会给她带一些礼物，虽然也没什么很特别的东西，因为买东西越来越艰难。对于我们的拜访，萨姆森太太总是欣喜若狂。她从来不是个安静的人，总能滔滔不绝地说话。

一九四三年春的一次拜访，萨姆森太太藏身的别墅的主人范德哈特太太说有事情跟我们商量，于是我们去了她的会客室。

我们注意到，她讲话的时候相当烦躁不安。她问我们是否知道荷兰大学生被德国人逼迫要签的忠诚宣言。宣言指明学生要避免做出任何反对德意志帝国和德军的行为。

我们告诉她，我们也留意到了这个情况，很多学生拒绝签署这样的宣言，不同的学校发起小规模的学生罢课。德国人用他们惯常的方式对付这种反抗：逮捕、监禁，以及命令反抗的学生辍学。

于是她说出了讨论的正题。"我的儿子卡雷尔，也拒签了宣言，他必须找个地方躲起来。他需要一个地方……"

我打断了她："什么也不用多说了，让他立刻来阿姆斯特丹找我们。他可以跟我们一起避难。"就像范德哈特太太藏匿萨姆森太太一样，我们觉得有义务为她的儿子提供藏身之处。

然后，很快，五月，卡雷尔就来了，躲在我们亨泽街的家里。

卡雷尔·范德哈特长得很英俊，中等身材，金发，偏瘦，讨人喜欢。我们给了他萨姆森先生的旧房间，很快他就跟我们相处得很开心。他很喜欢我做的饭，尽管能换的花样并不多。

他向我们坦白，他母亲并不擅长烹饪。战争开始前她有好几个佣人，自从打仗以来，没有了佣人的她只能尽其所能，但结果有些糟糕。我和亨克交换了一下表情，卡雷尔也笑了。他知道我们在想什么：每次我和亨克拜访萨姆森太太的时候，食物的味道都不赖。"这是真的，"他解释道，"为别人做的时候，她总是干得不错，不过当客人走了，她的厨艺就……总之就是不一样了。"

我在我们各自的盘子里又添了一点食物。看着卡雷尔快速清空了一大盘食物，我和亨克对视，都觉得好笑。当然，我们没有告诉弗兰克先生和其他人卡雷尔·范德哈特躲在我们家的事，因为那会给我们带来危险。任何威胁我们的事，也会令他们不安。

我们很快为卡雷尔做了安排。我和亨克每天早上都会去上班，卡雷尔则独自待在家里一整天。对于年轻人来说，这是一种孤寂的生活，但我们还能做什么呢？我们不知道他除了阅读、自己与自己下象棋之外，还做了些什么。我们怀疑他也许会外出散步，但我们没问过他。卡雷尔的棋盘总是摊在家里的某个地方，留下一场他自己和自己搏杀的棋局。他可以任意地挥霍时间，只是为了彻底思考一步棋。他什么也没有，除了大量的时间。

春季大扫除的时节到了，但即使是这类活动也不得不为战争让路。肥皂变得越来越稀缺，线和布也越来越贵。帮亨克缝补袜子的洞时，我常常要考虑两次甚至三次，这些线有没有更急需的用处？朋友们会不会比我们更需要这些？

每个人的生活中都多了蓬头垢面、肮脏、衣衫褴褛的一面。就连往日生活宽裕的我们，衣衫不整也成了一种常态。对贫穷的恐惧更是一直挂在比我们生活更拮据的人的脸上。

如今寻觅足够的生活用品所需的时间已是以往的一倍。排了很长时间的队伍，到达柜台的时候发现几乎已没有东西可买，这种情况也不少见。豆子、枯萎的生菜、烂了一半的土豆，这些看上去令人恶心、买回家更会变坏的东西，却是仅有的食物。我已经扩大我的搜寻范围，有时甚至跑到周边地区购物，以求找到新的食物来源。

进食已变得毫无趣味。我们只能用手头仅有的材料烹饪，这意味着不断重复吃着几乎每天都一样的沉闷食物，也意味着消化不良、半病态，以及吃完饭后仍持续着的饥饿。

然而我从来没听到过避难所的朋友们的一句怨言，也没有见过他们看到同样的食物时，露出一丝失望、沉闷的表情。连续吃了芥蓝，或其他相同的食物一星期，甚至两星期后，他们从来没有说过厌烦。他们更没有抱怨过黄油和脂肪的分量越来越少。

我同样也没提起过他们苍白的脸色。孩子们的衣服也开裂、破损了，甚至有些穿不下。库普休斯太太总是默默地为孩子们找来一些旧衣物，和库普休斯先生一起送到避难所。

最需要新衣服、成长得最明显的要数安妮了。在我们的眼皮底下，她逐渐长大了。她就要撑破她的旧衣服了，同时她的体型也开始发生变化。

她的脚已穿不下她刚来避难处时带来的鞋了。她尝试把脚塞进鞋子的时候常让我发笑，但看着这双细腻、逐渐长大且本该用来跑步、跳舞甚至游泳的脚，我只想哭泣。

以上的成长迹象完全符合时宜，今年六月十二日安妮就十四岁了。她身上正在发生生理变化，无论目前的环境如何窘迫。我们打算把她的生日搞得尽可能像一个节日，糖果、巧克力、书本、簿子，还有其他二手礼物。

收到或者给予礼物，甚至庆祝任何事情的时候，安妮总是表现出很大的喜悦和幸福。今年看到我们为她准备的一切，她格外高兴。当她打开生日礼物、阅读生日诗歌时，流露出极大的欢娱之情。

我们总是努力地保持愉悦，对抗阴郁。当我们知道埃莉的父亲汉斯·沃森被诊断出患上了一种致命的癌症时，保持正面的情绪更需要额外的努力。医生已对沃森不抱希望，认为他活不了多久了。

我们待在埃莉的身旁，大家都希望能伴随她度过这段可怕的岁月。她是我们圈子里一个非常珍贵的朋友。

第十二章

弗兰克先生告诉我，他和弗兰克太太最近注意到安妮的眼睛有些问题。为了避免给她带来不必要的忧虑，他们一直留心观察，生怕什么可怕的事发生在她那灵动、带点儿绿斑的眼睛里。

当他向我透露这件事时，我开始害怕。在避难时期，每个人的眼睛都变得异常珍贵，这儿每天都有许多安静的时间需要被阅读、写作、学习来填满。从我知道这事后，我注意到当安妮阅读或写作时，就得眯着眼睛，十分费劲才能看到字。弗兰克先生还告诉我，安妮还有头疼的毛病。

怎么办？

最后，这个话题公开了，还变成了大家辩论的源头。大家一致同意安妮需要一副眼镜。但没人敢肯定。我们第一个严重的医疗危机爆发了。

我担心安妮的眼睛，便做了些调查。在临近办公室的地方，我曾见过一个验光师的标志，离这里也就十分钟脚程。若我带安妮去，采取快去快回的策略，我想我可以让她在一小时内安全返回楼上。然后等验光师给她开好处方，我就回去，编几个借口说明小姑娘为什么不自己回来拿眼镜，最后，我自己带着眼镜返回藏匿处。

带着个没注册的犹太人上街在那个时候是非常大胆和危险的，而单纯涉险是没有任何意义的。我非常自信自己可以安全地把安妮带出去再护送回来。

一次傍晚时分的登门拜访，我把自己的建议告诉了弗兰克先生和太太。我不想说服他们，只是很直白地告诉他们我的计划，然后等他们给我回应。

安妮的反应有点太情绪化。她的嘴唇因为恐惧而变得煞白。"我现在就可以带她去。"我说。想着这会儿可能没有时间用来害怕，我们可以赶在陷入危险之前就把它给解决了。

我看到弗兰克先生和太太在交换眼神，用夫妻间才有的方式——彼此的眼神无声地交谈着。弗兰克先生摸着下巴思考，范丹夫妇和杜赛尔医生也参与到讨论当中。讨论的语气很严肃。毕竟，我们正在讨论着一个非常危险的想法，安妮看看父亲，再看看母亲。她承认被刚才的想法吓到了，但她不知道自己是否会被走上街头这个主意吓得昏厥。"不过，若你让我去，我会尝试的，"她点了点头，看着她父亲，"我会按你的要求做的。"

弗兰克先生告诉我，他们讨论完后会让我知道最后的决定。

"好的。"我回答。

第二天，弗兰克先生告诉我，他们仔细把整件事想了一遍，虽然他们关心安妮的眼睛，但他还是悲哀地摇了摇头。"外出实在是太危险了，我们大家最好还是待在一起。"他遗憾地说，"这些事等到战争结束以后再说吧。"

"但……我们可以……"他补充了一句，让这个话题静静地飘散在空气中。

尽管如此，安妮外出可能遭遇危险这一话题再也没有被提及。特别是之后，因为另一次针对德国的大突袭正在进行，防空炮火猛烈，一架飞机被击中，撞裂在铸币广场附近，离藏匿处很近。一次可怕的爆炸发生了，可以看到熊熊的烈火在燃烧。

由于这次坠机事件，沦陷区几近恐慌。虽然当我拜访朋友们时，他们都努力维持着若无其事的样子，可他们一直都生活在一种将要被炸死、烧死或是被袭击的情绪中。这次令人不快的恐慌让他们全都变得小心翼翼起来。他们意识到自己的毫无防备将会使他们陷入一种被轰炸的境况中。没有地方可去，也没有地方可逃。随着爆炸声越来越近，他们的焦虑达到了一个让他们在之后几天中都精疲力竭的程度。

不仅这次的爆炸提醒了他们是多么脆弱，接踵而来的几次办公室盗窃未遂和一次真正的抢劫更能说明问题。没有什么可以多说的：贼们带走了大部分的糖票，这在当时是非常罕见的，而且我们的果酱制作生意也需要用到它。

这些盗贼还带走了我们的小额备用现金储蓄盒和几个小玩意，最糟的是这些无赖已经把从门口到前部办公室的防御破坏了，这极大地威胁了朋友们的安全。为了寻找战利品，盗贼们直入办公室，甚至都可能到了隐蔽藏匿处入口的书架。

我们有一次将收音机的指针调到了违禁的英国广播公司的频率。而这一次，没人在藏匿处感受到任何入侵者在楼下活动的痕迹。没人尝试着要保持安静。水可能当时在沸腾，脚踩着楼梯嘎吱作响。楼上的叫唤声很可能被听到了。这告诉了我的朋友——他们的安全要塞不再如此安全了。

在这个恐怖时期，盗贼们非常容易跑到警察局汇报人们躲藏的地方。德国人对这类信息的奖励通常很慷慨，奖励按躲藏的犹太人人头计算。

突然间，一个好消息带给我们一阵巨大的希望。墨索里尼集团已经被瓦解了。我们的盟友英国和美国最终登上了欧洲大陆，开始从西西里往我们这儿进行反击。

我们正在躲藏着的朋友们都十分高兴。

弗兰克先生和安妮对战争很快会结束这一想法持最为乐观的态度。杜赛尔医生和范丹太太就谨慎多了，但还是很乐观。弗兰克太太、范丹先生、玛戈和彼得对盟军何时会来解救我们持最为谨慎的态度。

当弗兰克先生办公室的大收音机被迫要调到德国台时，库普休斯先生在办公室不知哪个角落里发现了一台可以在藏匿处使用的小收音机。这样，我们的朋友不再需要全体下楼听英国广播电台和橙色电台了。我们自己的收音机，被亨克一部分一部分地带到阁楼上，现在还散在那里。

弗兰克一家和范丹一家不知为何在搬进藏匿处之前储备了大量的肥皂。这些肥皂用了快一年多了。现在，肥皂慢慢地几乎要消耗完了，保持清洁就成了一个新的问题。

在外面的商铺里，就算有配给券，肥皂也是很难买到的，就连合成肥皂——那种除了在水上留下一层灰色薄膜以外几乎没有任何效果的肥皂也买不到。每天越来越难买到各种东西，这个过程也越来越像寻宝。商店空着的比不空的多，要是有什么东西可卖，买的人就会蜂拥而至。

一个特别忙碌的早晨，当我已经快把自行车装满、准备结束采购要转弯时，一辆上面骑着两个德国兵的三轮摩托车撞上了我的自行车。在摔倒之前，我赶快从车上跳下来。心里顿时涌起一股无名火。

情绪失控太不像我了，但愤怒的话就从我的口里冲出来："你这卑鄙的、肮脏的……肮脏的小人！"我爆发了，但马上意识到已经有好几个非犹裔的荷兰人死在德军枪下了。可我没有想这些后果，只是被这些侵略者逼到了忍无可忍的边缘。

我跨在自行车上，朝着那些士兵狂骂。车手停下摩托车向我这边望过来，盯着我。摩托车发出阵阵噪音，跟我骂人一样，我意识到他们可能不明白我说的话。两个德国士兵转头笑了笑，然后就骑车走了。

在发生碰撞事件的时候，一辆有轨电车刚好经过，司机和乘客都目睹了整个意外过程。我还在生气，骑上车，慢慢地踩踏板想让电车先过。但司机示意我，他做了一个脱帽的手势，挥手让我先行。他了解到刚才的情势危险，而我，还在平复心情，没有想到那一层。他向我表示了敬意。

我意识到自己刚才都做了些什么，我的心疯狂地跳着。

傍晚时分，带着一个小包裹和一本书——都是给杜赛尔医生的，我把德国摩托车这件事告诉了他们。后来，我从弗兰克先生那里知道我拿的包裹里，装的是本严重违禁的反纳粹书籍，他和其他人知道后都为我担心。拥有这本书会面临监禁和死亡。"你怎么可以让梅普冒那样的危险？"安妮朝杜赛尔发火了。

"没有人敢纠缠我们的梅普。"杜赛尔医生刻薄地回应道。

但安妮很气愤。"梅普有危险，我们所有人都有危险。"她骂道。

有一次我在藏匿处时，安妮开始试衣服，想着有哪些是她可以穿回学校的。她长得太快了，我们看到她的手腕和手臂从拉长了的毛衣中伸出来，而毛衣只到她前臂的一半时，就都笑了。别扣扣子了，她的身形改变太大，已经不可能再扣上扣子了。安妮把这些变成一出喜剧，以此来掩饰她的沮丧。

安妮有些时候还是很冲动和孩子气的，但是她也开始学会害羞和成熟了。她已经是个少女了，但还不是一个女人。我和安妮之间开始发展出一种默契。有时候，不需要说话，我就能感受到她的心情或是她的需要，就像一个女人对另外一个女人一般。

安妮在逐渐长大，但还是想寻求我的陪伴或者其他楼下客人的陪伴。玛戈和彼得，经过一年的相处，仍没能跟我和亨克混熟。安妮总是很轻松地告诉我她的想法。玛戈和彼得从未对我提过什么要求，或是让我知道任何他们的需要，也没告诉我们任何有关他们的事情。

安妮从小就把我和亨克当成爱情的化身，可能现在依然如此。这些令人不悦的条件没有改变安妮的本性。

对于一个浪漫的年轻姑娘来说，我可以理解亨克有很大的吸引力——高大、英俊、权威。亨克从不衣衫不整，全身流露出一种生命的气息。每个人都被他的诙谐机智和可靠消息打动。

安妮常常像是在学我，我可以从她的脸上看到她对我独立和自信的仰慕。她好像也仰慕我的女性特质，不管我穿什么，或者梳什么发式，她总是充满赞扬和好奇。她自己也在她那浓密、光泽的褐发上尝试不同的造型。她还在她的衣服上做试验——加些闪亮的小东西，或是让自己看起来更成熟。

我感觉跟安妮特别亲近，在她人生这样一个重要的转折点，恰好跟这样一个恐怖时代交织在一起。有多少对于一个十四岁的小女孩来说别具意义的美丽东西啊，她们才刚刚开始欣赏自己。而悲哀的是，这些美丽的东西是我们几乎不可能获得的。我相信有些时候，安妮能感受到美好，有些时候她又感受到丑陋。

我决定为安妮搜罗些成熟、漂亮的东西。有一天，我发现了一样合适的东西。我找到一双高跟红皮舞鞋，它们是二手的，但是保存得还不错。我对尺码稍稍有些迟疑：如果尺码不对，对她来说是件多么讨厌的事情。但我转念一想，买！就当碰碰运气。

我把它们藏在背后，带到了藏匿处。我去安妮那儿，把鞋子摆在她面前。我从没见过有人像安妮那天那般开心。她很快就试了鞋子，尺码刚好适合。

她变得很沉默：她从来没有感受过穿高跟鞋是怎样一种感觉。她轻微地摇摆，但凭着决心，紧咬着上嘴唇，她穿过整个房间，然后回来，然后再重复。就这样来来回回，上上下下，一次比一次稳当。

一九四三年夏末秋初的时候，德国人开始围捕非犹裔荷兰人，年纪在十六岁到四十岁之间。这些人被运到德国，如他们声称的那样——用作"劳力服务"。有些是被召集，有些则是在街上被军车拦下，拿步枪的绿警察跳下车，接着那人便被告知要钻进卡车里。这给我们的生活又带来了新的紧张元素。亨克刚好三十八岁，体格强壮，在那个时代算得上相当健康。

有一天夜里，我们从办公室回到家，像往常一样精疲力竭，亨克告诉我他有重要的事情要跟我商量。我安静地坐下，然后开始听他说："有一天我在办公室，正在洗手间洗手，一个跟我挺熟、为人不错的同事进来，在确认只有我俩在洗手间之后，直接问我愿不愿意参加一个在办公室里的抵抗组织。他告诉我让我先考虑下，那工作是非法且相当危险的。

"我问了他几个关于工作内容和参与人员的问题。他告诉我大约有两百五十个人在我们的部门工作，可能有八个已经被要求参加。然后他告诉我几个已经参加了的人的名字。我非常惊讶他如此信任我——告诉我他们的名字。就是这样。我马上说：'好，我参加。'"

我听着，不想让亨克在说话的时候看到我如鲠在喉的样子。

他继续说："他做的第一件事，就是当我同意参加他们的非法抵抗运动时，带我去见了一个医生。这个医生为阿姆斯特丹城服务。我们一起谈了一会儿话。他写下我的名字。他告诉我，如果我惹了什么麻烦，或是有原因让人认为我有必要消失几天或更长时间，我可以去一个特别的医院，报上医生的名字和我的名字，之后我就可以获准入院并逗留，直到事情过去，或者根据情况送我去躲藏起来。"

我等着亨克告诉我些他危险新工作的具体细节，但他没有，反而告诉我："你看，梅普，我告诉你的原因是——现在处在新召集令的危险中，万一我有什么不测，我想让你知道接下来会发生什么——我直接参与了秘密抵抗组织的工作。"

作为一个妻子，我现在不能自制地表现出我有多担心，有些事情可能会发生在他身上。但是作为一个同行的抵抗者，我很高兴他已经找到一个新的方式去反抗我们的侵略者。

他请我不要再担心："如果我某天晚上没有回家，那么就等消息。"

我看着他用眼神说："我怎么可能不担心。"

"你只需担心接到医院的电话，那才是唯一该担心的时候。"亨克说。

我们都同意最好不要告诉一起藏匿的朋友们。亨克那时不想再告诉我更多的事，所以我什么也没问。尽管如此，一种奇怪的感觉折磨着我，我不禁发问："亨克，你要做多久？"

"可能半年，"他说，"我不想告诉你是因为我不想让你担心。"

在阿姆斯特丹，所有夏天围捕犹太人的行动还在继续。某个星期天，我想，在这样一个夏天的尾巴——整个季节中我们拥有的最美的一天，德国人在我们南阿姆斯特丹的河区展开了一场浩大的围捕行动。所有的街道都被封锁了。一卡车接一卡车的德国警察开过。我没亲眼看到，但可以想象出这些人在卡车里穿着绿色的制服，坐成两排。这些士兵把桥拉上去，把守着各个交通枢纽，没人可以通过。

邻里间可以听到尖叫和刺耳的哨声，接着是一阵整齐的靴子踏步声，步枪柄来回敲打门声，一直在响的门铃声，粗俗的、令人恐惧的德国人命令声："开门！快点！快点！"

亨克和我整天都在家。全天都是些惨不忍睹的犹太人戴着黄色的六角星，带着小背包和箱子，被推进绿警察包围的松散游行队伍，正好经过我们的窗下。景象太过痛苦，太可怕，我们都转过身不去看。

那一天稍晚的时候，传来一阵轻轻的敲门声。我走到门口开门。站着的是楼上的一个邻居，我跟她不是太熟。她四十来岁，总是穿得很时髦，在莱德斯街一家最好最贵的叫赫希的女装店工作。我有许多次站在橱窗外欣赏里面的时装，但没有办法承受它高昂的价格。

她和她的老母亲一起住在我们楼上的公寓里。她们都是犹太人。

她的手里抱着一只毛茸茸的猫和一个猫盒。带着一种乞求的眼神，她说道："请你接受我的猫，然后把它送到动物庇护中心或是……"她的眼睛干涸并充满恐惧，"如果你想，你也可以收养它。"

我马上明白过来了。我意识到她要被德国人带走了，只有很短的时间做准备。我伸出手接过猫:"来吧。"

"他的名字叫贝利。"她告诉我,然后很快地离开了。

我看着猫的脸。它几乎是全白的,只有几块黑斑在背上。它也看着我。我把它抱在怀中,然后带着它回到我们的公寓。它很快就适应了新的家。真是只贴心的猫!我想。我立刻就爱上它了。

从那天开始,贝利就像我们的孩子。每天它都会在走廊里等待亨克下班回家。当亨克回到家里,贝利会马上跳起来,轻咬他的下巴。

第十三章

晚上，埃莉和我将整理公司文件、开发票的活儿交给玛戈和安妮来处理。我们总会将这些工作留给密室里的姑娘们。当我们第二天回到办公室时，她们早已将工作完成了。由于我们不敢将办公室的窗帘拉上，所以玛戈和安妮便不能待在办公室里。

她俩很乐意帮助我们，就像是喜欢夜晚活动的小仙女。当办公室的门一锁上，她们就会从楼上下来，整理文件或做点我们剩下的工作，做完后将文件都收起来，就像没人来过一样。

下班后或周末会安全一些，密室就多了些其他用途。杜赛尔医生开始学习西班牙语。他会常常待在弗兰克先生的私人办公室里，以便安静地学习。对于我们这位老友来说，任何形式的独处都是极其珍贵的。

楼下的厨房里有一个小型的热水炉，街上的人是看不见的。每逢周末，由于有充足的热水供应，厕所便成了理想的浴室。我猜，当我的朋友们想换换风景或者想独处时，便会时不时从楼上下来。

大家都不喜欢的冬天再次来临，这是躲藏后的第二个冬天。我们原以为战争不会持续这么久。不过我们还是相信同盟军会在这个冬天果断应对。

随着冬天越来越近，弗兰克太太的行为开始变得古怪起来。当我离开躲藏的地方时，她会跟着我下楼梯，一直走到她可以走的最远距离——书柜的背后。她似乎只是送送我、跟我道别，但是她却站在那里望着我，眼中流露出渴求。我会站在那里，等她说出想说的话，但她仍然一言不发，呆呆地站在原地。

这样和她面对面站着，令我感到非常尴尬。我心里想，她到底希望我怎么做呢？过了一段时间，我终于明白，她希望和我单独聊聊，不让其他人听见。于是我开始给自己预留点时间，以便陪弗兰克太太在卧房里说话。这个卧房是她和丈夫以及玛戈共享的。我们俩坐在她的床边，我便耐心地听她倾诉。

原来，她感到极端沮丧，她想倾诉，却又不愿对其他人说。尽管别人都殷切地盼着盟军的援助，期待战争结束后自由的生活，但弗兰克太太却感到毫无盼头，这也令她感到十分羞愧。

有时她会抱怨范丹太太——这是我第一次听见有人表达对其他人的不满。即便他们共处一室产生些矛盾争执，但当我们去密室探望他们时，没有人抱怨过。弗兰克太太终于按捺不住，向我抱怨了。

她说范丹太太不能容忍她的女儿们，特别是安妮，觉得弗兰克家的女孩太过放纵。范丹太太似乎总喜欢在饭桌上谈论对安妮和玛戈的意见，她会说："安妮不懂事……口无遮拦，她很没礼数。"这些对安妮和玛戈的批评令弗兰克太太很烦恼。

她用低沉的嗓音，表达内心对于躲藏的害怕。

"梅普，我看不到任何希望。"她向我诉说道。

有一次，她说："梅普，记住，德国不会像进入战场一样退出战场。"

我会充满怜悯地听她诉说。当我还有工作或需要与其他人见面而不能久留时，便只好打断她的话。我会向她保证下次再聊。

我离开时，她依然坐在房间里，一脸忧郁和沮丧。

一九四三年的冬天，阿姆斯特丹的犹太人似乎都走了。当然，准确地说是看不见一个犹太人。他们有的被驱逐出境，有的躲了起来或者逃跑了。我不敢想象他们后来的下落。周围流传着可怕的谣言。由于我们区的犹太人住房已经没人居住，搬运工便过来将他们屋内的东西全部清空了。很快，新的住户就会搬进来。我们不知道他们是谁，从哪里来。我们也没有询问过。但我们知道有些是纳粹党的人，他们往往优先获得新房。

现在唯一能见到犹太人的地方就是河道，河里漂浮着一具具尸体。有时，将犹太人抛到河里的正是隐藏他们的人。最糟糕的情况就是犹太人在躲避的地方死去。由于当时没办法公开地将他们埋葬，如何处理这些尸体令人十分为难。

对于躲避起来的犹太人和收留他们的家庭来说，疾病也是令人害怕的。那年冬天我们就遇到了这个问题。那天我和亨克晚上回到家，发现卡雷尔·范德哈特痛苦地蜷缩着身体，双手紧抓着头。我和亨克绝望地看着对方。不论发生什么，我们都明白不能带他看医生或去医院。现在我们只能靠自己。

卡雷尔痛苦不堪，令我很难找到剧痛的来源。终于，我发现疼痛来自额头。他说："痛得头晕目眩，好像脑袋里有一把尖刀。"

我和亨克将他扶到沙发上躺下。我完全不知道该怎么做。

卡雷尔躺在那里不停地哭叫呻吟。我急忙烧了些水，拿着一条手套形状的毛巾坐在他的身边。我一边用手安抚他，一边把热水浸过的毛巾敷在他的前额。

我也不知道这样做对不对，但依然一遍又一遍地为他敷热毛巾。亨克站在走道里，焦虑地看着我们。疼痛依然不减。夜晚正在慢慢过去。我的办法似乎并不奏效，我的脑海里浮现出一些可怕的想法。可我仍旧一遍遍地敷，尽可能地安慰这个憔悴不堪的男孩。

窗帘后面可以听到街上开始有路人的声音，天已经亮了，而我依然没有放弃，毫无停下来的意思。突然卡雷尔发出一声极其痛苦的惨叫，同时鼻孔里不断流出脓来，一会儿便停了下来。他眨了眨眼睛，深吸了一口气，自己用一只手支撑着坐起来。他看着我，显得很轻松。

"梅普，我感觉好多了，"他说道，"已经不痛了。"

直到现在我也不知道卡雷尔那天到底怎么了。疼痛突然消失，我们都感到十分幸运。

这个冬天尤其寒冷，且多风暴。我们要战胜刺骨的冷雨和湿滑的街道，走更远的路才能买到食物，并且一天不如一天。我从不敢松懈自己的警惕性。家里十一个人都需要吃饭。我就是大家的救命稻草，或者更像是觅食者，从没停止过为饥饿的家人寻找食物。渐渐地，我开始不停地收集垃圾，连残羹剩饭都不介意。我绝对不允许自己病倒，也没有任何假期。

我们还是得面对最害怕的事——疾病。首先，库普休斯先生由于严重的胃出血住进医院，接着我又因重感冒扭伤了脚，最终还是得了流感。我整天躺在床上，担心传染其他人。

我在昏暗的房里时睡时醒，我的身上盖着厚厚的棉被，但是依然感到阵阵寒意，身体也不停地颤抖，我又想到了躲避着的朋友。对他们的担心就像压在胸口的一块大石头。他们以后会如何？我白天黑夜都在想这些问题。将来会怎样？

我知道范丹一家的钱很快就会用光，库普休斯已经悄悄将他们的一些家当卖掉，他还打算继续在黑市卖掉更多的东西，包括范丹的皮衣和一些首饰。我想，长达一年半的失业和隔离能消磨任何人的意志。

我看着玛戈和彼得日渐疏离。当我走进屋里，大家都笑脸相迎，但我仍可以感受到空气中弥漫着不和的气氛。安妮常常独处，有时写写日记，有时独自闷闷不乐地待在阁楼里。

焦虑令我的身体更加虚弱。我不敢离职太久，即使没有完全康复，只要有点起色，我就开始上班。

由于怕感染上白喉，埃莉的家人都被强行隔离在家。白喉很容易传染，导致埃莉一个多月都不能工作。

除了疾病，失望的情绪也弥漫在密室里。假期即将来临，我想着法子让大家开心。我开始收集能够找到的糖果，在我看来，没有比糖果更能令人开心的了。我还东拼西凑地要了些黄油和面粉，小心翼翼地不让任何人知道我要做一个真正的蛋糕。

要举办一个像去年一样盛大的圣尼古拉节派对是绝对不可能的。但是安妮有其他办法。节日第二天，我才得知她一早就打起精神和父亲开始秘密合作，他们俩为每个人都作了一首押韵诗。节日那天他俩将派对篮子里放满了鞋子。每只鞋子都属于不同的人，里面各装着一首原创、戏谑且可笑的诗。

圣尼古拉节一过，安妮就染上了最严重的咳嗽和流感。白天时，咳嗽是件令人头疼的事，必须用声音压住。安妮的房间不时传来低低的咳嗽声和喷嚏声，直到她痊愈。每当我去探望他们时，我总会进她的房里看望她。

圣诞节时，安妮自豪地向我展示了一小块奶油甜点。她知道我喜欢甜食，因此亲手为我制作了一个。原来她也在暗暗储存每天的食物供应，目的就是为我制作这个柔软的、入口即化的甜点。安妮让我立即尝一口，想看看我的表情。当我舔手指时，她开心地笑了，眼睛里闪烁着光芒。

没想到她用同样的方法赢过了我，不过这让我下决心要做一个最漂亮的蛋糕来回报安妮和其他人。我收集的糖和黄油越来越多。一年的最后一天即将到来，灰暗、短暂又阴沉，笼罩了整个阿姆斯特丹。同盟军对德军的轰炸逐渐增多，夜晚飞机的隆隆声持续不断。

库普休斯、埃莉、克拉勒、亨克和我打算在新年前夜的周五晚给大家一个惊喜。因为当天我们可以在其他职员离开后留在办公室里，然后逐个展示为他们辛苦收集起来的惊喜。

下班的时间到了，亨克从他的办公室赶来。他在楼下的大街上等了一会儿，直到最后一个员工骑上自行车离开后才走上来。我们带着自己的礼物爬上楼道。亨克从黑市上买了些啤酒来庆祝节日。我们每一个人都准备了精致的礼物，我也带来了特别的香料蛋糕，那是安妮的最爱。

欣赏我们的礼物让大家都忘记了烦恼。一看到蛋糕，我们面前的八张嘴立刻开始咽口水。弗兰克太太倒了些水当作咖啡，我们都站在桌边，互相倒满啤酒。安妮首先发现了我在蛋糕上刻的字。于是大家举起啤酒和咖啡，一起为蛋糕上的字而干杯：和平一九四四！

有一晚，亨克下班后没有回家。我像往常一样拖着疲倦的身体回来。我将食物放在锅里加热，等待着亨克回来的熟悉声音——开门，将自行车放在走廊里，贝利跳起来去舔他的脸颊。

等了一会儿，他还是没有回来。我便将火熄了继续等。平时贝利会在花园里玩耍，等亨克回来才会进屋，可今天它也乖乖地等着。我一边等，一边整理房间，每过一分钟就会令我更加担心。亨克很可靠，我早已习惯于他固定的作息时间，比如每晚准时回家。

最近几个月，亨克越来越多地向我透露了关于反抗运动的消息。他告诉我，他的组织会首先调查需要帮助的人。这些人通常是男性，他们拒绝去德国充军，于是躲起来，没有办法养家糊口。

这些人身处险境，只能躲藏起来。他们以前也像我们一样，或许他们之前就在做我们现在做的事。亨克的任务是凭暗号和特别名单来探望这些人。他会评估他们的需求，然后通过组织提供他们最需要的帮助——配给证、钱。由于亨克曾是阿姆斯特丹市的一名社工，需要经常探望需要帮助的人，因此他有充分的借口来隐瞒行动。

我继续等待亨克，感到越来越紧张。我不知道该怎么办，该去哪里找他，也不知道该问谁。亨克只对我说过如果他被捕，有人会告诉我消息。多数情况下，一旦被捕，知道得越少，就越安全。

夜晚慢慢地过去，我已经无法控制自己的情绪。可怕的念头不自主地浮现在我的脑海里：亨克被捕了，他正在受折磨。

我实在不能忍受等待的煎熬了，便拿起外衣出门走向屋外冰冷的夜晚。我用附近一部公共电话打给亨克的姐夫，他是做出口生意的，因此和阿姆斯特丹的警察有些联系。

他很快就接了电话。"亨克还没回家。"我迫不及待地说道。

出乎我意料的是，他竟然笑了起来。"那又怎样？"他回答道，"他正在我家和我喝酒呢，今天可是我生日。"

我立即松了一口气。接着就感到自己的行为很愚蠢。

"你想和他说话吗？"他问我。

"不用了。让他慢慢喝。让他多待一会儿，千万别告诉他是我打来的。"

我回到家盖上食物，这样他回来随时都可以吃。

大街上到处贴满、钉满了警告，用黑框圈着，写着那些对反抗运动成员的处决令，有姓名，有年龄，有职业。帮助犹太人的风险越来越大。

朋友们爱听外面的事，特别是有关反抗活动的。亨克很会讲故事，尽量完整地把他知道的所有反抗运动的事都讲给大家听，包括每一次他们针对暴政的蓄意破坏行动。他讲故事的时候总把彼得的猫抱在腿上，他说的每一个字都牢牢吸引着安妮，孩子爱听极了，两只眼睛忽闪忽闪的。

当然，亨克从没告诉过他们，他本人正是反抗运动组织的成员，他所讲的其实就是他自己完成过的任务。他不想惹大家担心，卡雷尔藏在家里的事，我们也瞒着不说，会使大家恐慌和焦虑的消息我们一概都不提。

二月，我又病了——流感加气管炎。我们几个轮流生病。因为我不能去藏匿处探望，亨克去时就尽量多待一会儿。大家越来越盼望我们去看他们。

尽管没有人抱怨，可我知道弗兰克先生和范丹先生上次带来的存粮已经吃得差不多了。现在能找到的吃的有时都是发霉了的。但不管是什么，我总得买回来。东西不干净，大家吃了老是闹肚子。油脂，特别是黄油越来越难买。范丹想抽烟想得要命，偶尔有些烟叶给他凑合着过过瘾，但有时什么都没有，因此他特别烦。赫尔曼·范丹，他什么都不要，就想要根烟。

盟军到底什么时候才会发动攻击，大家都想知道。几个月以来，一直听说盟军要组织一次大规模袭击，一次一举解放我们所有人的"大进攻"。大伙儿天天盼着打响这场"大进攻"。

一九四四年二月，是我的三十五岁的生日，不过更重要的是我生日后的第二天是玛戈的生日。这是玛戈的十八岁生日，要特别庆祝一下。大家东拼西凑，找小礼物送给玛戈。我们从来不会忘记任何一个人的生日。

我生日那天在密室的时候，很意外地被范丹太太拉到一边，让我去大门口楼梯边上等她。我本来准备听她说什么坏消息，可她望着我的眼睛，说："梅普，我跟赫尔曼一直在想，怎么才能向你说出我们内心的感激，但还是不知如何用语言表达。这里有件代表友谊的小信物，希望可以表达我们的感激之情……给……"她塞给我一个小盒子，说，"打开看看！"我刚想说："不用……"她又催着说："打开呀！"

我打开一看，是一枚戒指，菱形黑玛瑙衬底，正中间是一颗闪闪发光的钻石。一枚漂亮的古董戒指。可是，这戒指能为范丹他们自己在黑市上换回多少烟和肉肠呀，他们已经开始动用全部财产，托库普休斯把能卖的全都卖了。我真不想收这个礼物，我真想让她把这戒指收回去。

然而，似乎有只无形的手坚决地按住我的嘴，我什么也说不出。我没有做得那么实用主义，而是望着范丹太太黑漆漆的眼睛，发誓道："我会永远戴在手上——为了友谊。"然后就把戒指套在了食指上。正合适。范丹太太的手搭在我肩上，搭了一会儿，用力握了握，我们就分开了。

二月底，办公室又一次遭人"光顾"了，大家的心都揪成了一团。这回，整个办公室给翻了个底朝天，前门晃荡着，风一吹就一动一动的。这件事引起了大家极度的恐惧和不安。入室的那个人会不会发现了密室？和上次是同一个人吗？他会不会拿翻到的东西去报官领赏？

藏在这里的人都不满监理办公室的范马托。他们没见过他，但不知怎么他们就是信不过他，老是问我们他的事。让人不安的还有那些终日游荡在阿姆斯特丹大街上的绝望的人们，那些人好多已经成了小偷。

终于，三月到来了。三月，预示着阴暗寒冷的日子就要结束。大家以前所未有的热情准备迎接春天的到来。到处缺煤，有时连供电都会中断。

亨克打听了以后发现，一直给密室提供非法配给券的那几个人被抓了。一条生命线猛然被切断了。别无他法，我们只能告诉大家。亨克在进行反抗之外的地下活动时，弄到了五张新的配给证。但五个人的量怎么能让八个人吃饱呢？亨克说他保证会想个更好的办法。密室里，大家心平气和地接受了这个消息，但不用说，他们心里其实都是害怕的。

有一天，我正在桌边埋头整理一沓账单，西教堂钟楼传来了正午的钟声。我听见楼下的工人们"砰"地把门一关，出去吃午饭了。之后一片寂静。亨克说好来找我吃午饭，所以我接着工作，等他来。

等了好久，终于听见了他的脚步声，我抬起头，见我丈夫心神不宁地站在我的面前，说要跟我谈些要紧的事。从他的话音中我察觉到了一丝危险。

于是我们出来，沿着运河走着。河已经解冻了，河面上的冰是一大块一大块的。亨克急着说："早晨我正要出门的时候，来了两个欧姆尼亚的绅士。"

欧姆尼亚是荷兰纳粹开的一家德国公司，负责变卖犹太人的资产和企业，或者说，是负责搜查那些还没变卖的犹太人产业。

"没办法，我把这两个讨厌的人让到屋里来。他们进来时，我大声招呼他们，想让卡雷尔听到，让他别出来。他们两人打量着厅里的东西，告诉我他们来这儿的目的，好像是说，萨姆森太太的儿子几年以前做纺织品买卖，一直用他母亲的住址做办公室，他们这次来是想打听一下他和他的生意。

"我告诉他们，据我所知，他结了婚和妻子搬到阿姆斯特丹南边去了。不过不知道他还在不在那儿，也不知道是不是让人给抓起来了，别的就不清楚了。这也是真的。

"然后，他们就开始搜房子，把抽屉全都拉出来翻里面的文件，还搜了萨姆森太太的衣橱。整个过程我一直担心卡雷尔出现。这两个人也太放肆了，他们从萨姆森太太的东西中搜出几张纸拿走了，那些东西我们可从没碰过。

"接着，他们开始盘问我自己的事，问我什么时候结的婚，通过什么途径弄到的房子和家具。我反应够快，当然我不可能告诉他们萨姆森太太藏在密室，这里原封不动都是她的东西。"

我们俩当初使用自己的名字登记的这套房子，所以谁也不能以"犹太资产"的名义拿走里面的东西，这样我们也就可以为萨姆森太太把房子完整地保留到战后。我们的房东之前是荷兰国家社会主义运动（NSB）的成员，我们告诉过他有几件犹太财产搬到了萨姆森太太的房间。当时也不觉得他有多么关心这件事，但现在听亨克说到这儿，我就有点警惕了，我怀疑是不是那个房东之前联系欧姆尼亚举报了我们俩。私自持有犹太资产是违法的，不过至少有一点对我们有利：虽然我们没有跟房东说实话，但毕竟房子里有犹太资产的事我们并没有瞒着他。我们俩从来不会碰萨姆森太太的东西，甚至连那些满屋都是的文件纸张，我们也不会去看。

亨克接着往下说。"于是，我就开始给他们编故事了，说我们怎么买的家具等等，但他们不想听，只是宣布说：'这家具不是你的。'我就辩解，他们心不在焉地听着，又说：'那好吧，也许客厅里的是你的，我们可以同意。但是卧室里的显然不是。你怎么能说那就是你的呢？''就是我的。'我又说了一遍。他俩摇摇头对我说：'明天下午一点，我们还会过来，你要是不交代实情，就把你送到菲赫特集中营去。'说完他们就走了。

"他们一走，卡雷尔就马上回到客厅。我问他知不知道刚才发生的事，他说知道，他听见我和那两个人说话，知道他们一间屋子一间屋子地搜，还去了后院，又穿过厨房、门厅，最后回到卧室。他自豪地说：'我总是领先你们一个屋。'"亨克又倔强地加了一句，"梅普，我决不让他们搬走屋里的东西。"

"亨克，你听着，"我严厉地说道，"战后我们还可以再买一套家具，但是一旦你被带走了，战争结束后我到哪里再买一个丈夫回来？明天他们一点钟过来，你必须说这些不是我们的家具，让他们拿走。走，去吃午饭。如果要我们睡地板，我们睡就是了。"

亨克默默答应照我的话去做。第二天一点钟，他在家等着他们过来。我在办公室里也紧张地等待结果，不知道他们会不会将亨克带走。不过他最终打电话过来说那些人并没有来。

过了好几天，依然不见那些人。之后，亨克在电车里遇见了其中一个男子。亨克从他身边经过，那人并没有在意。没过几天，亨克又在电车上遇见了那个人，结果还是什么也没发生。于是我们只能提心吊胆，不知他们什么时候会再来。

正当什么事也没发生的时候，有一晚，我和亨克回来，发现卡雷尔特别激动，他的脸颊粉红，眼里透着愉快的光芒。

他一见到我们就说："我今天去看赛马了。"

我们一开始还以为他去周围闲逛了，没想到他居然去看赛马。他继续说道："纳粹来马场里抓人了。"

"你没事吧？"

他回答道："我还好，他们只问了我住哪里。"

"那你说住哪里？"

"这里啊。"

我只感到双颊一下子涨得通红。亨克激动地询问道："你怎么能这样做？现在他们会来这里找你了。"

卡雷尔似乎一下子醒悟过来，好像他从没想到过这一点。

亨克沉重地说道："你必须离开。现在我们都很危险。"

卡雷尔明白了，走进自己的房间打包行李，然后悄悄地离开了，如果他告诉我们他的去处，大家就会更加危险。

第十四章

欧姆尼亚公司的人没有再上门了，警察也没有来我们家找卡雷尔·范德哈特先生，我们决定继续请他回来和我们待在一起。当我再次去希尔弗瑟姆探访萨姆森太太的时候，竟然发现卡雷尔也躲藏在那里。他说想回阿姆斯特丹来，我们也将相同的计划告诉了他，他可以再次来亨泽街同住了。

在回阿姆斯特丹的火车上，我俩不禁都担心起来，卡雷尔待在我们这里真的安全吗？大家心里都没有底。由于举报犹太人或者其他"黑人"的赏金与日俱增，每天都有人因为突击行动或是叛徒的出卖而从他们躲藏的避难所里被抓出来。不久，卡雷尔就来到阿姆斯特丹，回到我们这里住了。我们又恢复了原来的那种周而复始的模式，白天他独自下棋，晚上三人共进晚餐。

复活节过后的那天，我和亨克都没有出门。因为那天放假，所以没人愿意早早地离开暖和的被窝。当我们听到急促的敲门声时，还是清晨时分。

我跑去开门。原来是乔·库普休斯，他心急如焚地告诉我们说，弗兰克先生打电话给他，说又有人强行闯进公司了，情况看上去危急万分。

我和亨克马上赶去公司，那里已经乱成了一团。大门被撞开了个大洞，里面一片狼藉。我跑去书柜那边，吹口哨让里面的人知道我要拔开门栓了，我在外面拉开书柜，冲上楼去，亨克就跟在我的后面。他们会安然无恙吗？我一边跑着，心也怦怦直跳。

当我来到阁楼的二层时，我喊着大伙儿的名字，而房间里面则乱作一团。我从没见过这阁楼如此混乱。安妮最先跑了出来，哭着张开了双臂，紧紧地将我抱住。其他人也围了上来，所有人看上去都惊恐万分，只有等到我俩出现，他们心中的警报似乎才真正解除。

他们将事情的经过又向我们复述了一次，先是听到吵闹声，然后摸黑去了楼下的办公室，听到了更多的吵闹声，他们认为已经有人闯进了这座大楼。所以一整夜，他们都尽量一动不动，不发出任何声音。警察显然搜查了整座大楼，而且在阁楼的入口处徘徊了好久，他们都听得清清楚楚。这一夜，大家都不得片刻安歇，遭到抓捕的恐惧无孔不入。

亨克稍作停留就下去修理公司的大门了。我则留在阁楼里，聆听他们的叙述，安抚他们的情绪。范丹先生一边不停地说着，一边摇着头："我已经抽完了所有的香烟，将来还会有烟抽吗？"

"来吧，我们把东西都整理整理。"我提议道，接着大家都忙活着开始收拾房间。

当收拾得差不多的时候，亨克上来了。他用一种我从未听过的语气恳求大家绝对不要再冒险下楼了，特别是在听到有什么异常响动的时候："无论如何都待在书柜的后面。如果你们听到外面有什么响声，绝对不要出来。保持安静，等候，千万不要出来。"

亨克提醒他们说之所以每天都有人从自己的避难所里被抓出来，就是因为他们对周遭的危险渐渐放松了警惕。他这么说并不是危言耸听，而是想要他们真正了解这么做的危险性。

弗兰克先生点点头，表示将来无论如何都会待在阁楼里了。他承认昨晚这么做确实太过冒险了，并保证不再发生同类事情。

第二天，安妮的话再次让我想起自己婚礼当天的快乐情景，特别是在礼成之后，当我顺理成章地变成一名荷兰人时的那种舒心之情。"我也要变成荷兰人。"安妮对我说。

"等眼前这一切结束的时候，"我向她保证，"你可以做任何你想做的事情。"

冬日的桎梏终于宣告终结，春天冲破一切来临了。在他们躲藏的阁楼里，安妮带我来到拉着帘子的床边，指给我看窗外那棵高大栗子树上的每一点新绿。

多么生机勃勃的一棵树，枝枝丫丫都抽出嫩芽。安妮每天都观察这棵树的生长状况，并乐此不疲地对我讲述这树之前是怎样的，现在又是如何地快速生长。

一天上午，那天我比平时要清闲一些，手头的工作也告一段落。空气温润柔和，虽然间或还有一丝凉意；天上有大片的游云，臃肿而懒散地飘过。我离开公司，来到莱利大街上的那家蔬菜商店。

我和其他几个顾客排着队，想要看看今天店里都卖些什么蔬菜。终于轮到我了，可是我见到的不是以前那个熟悉的菜贩，而是他的妻子，她看上去忧心忡忡。我问道："出了什么事吗？"

她对我耳语道："我先生被捕了，他们把他带走了。"

我的心开始不安地狂跳起来。因为每当抓走一个人之后，警察就会利用他套取更多人的信息。

菜贩的妻子补充道："他藏匿犹太人，藏了两个。我也不知道警察会对他做些什么。"

于是，我还没有买完东西就迅速离开了。

这个善良的菜贩又浮现在了我的脑海里，他总会给我额外分量的蔬菜，并且将那一包包沉重的马铃薯送到我们公司来。他肯定知道我购买大量蔬菜的目的，只是他从不提起。他们会怎么对付他呢？当他面对刑讯逼供的时候，会说些什么呢？他会把我供出来吗？

这个菜贩的被捕，对我们来说可谓沉重一击。因为他是如此善良，以至于我可以从他那里买到足够养活八个人的蔬菜。可现在该怎么办呢？该去哪里买菜呢？我惴惴不安地走着，去了这条街上另外一家设在楼下地窖里的小店。

这家设在地下室的店铺的主人是位老妇。此后我每天都改为去那里采购蔬菜了。直觉告诉我这位老妇可以一试。我就暗暗地在心中拟定了计划。每天去她店里的时候我都会和她聊上几句，她渐渐开始和我熟了，时不时会说些她自己的事情，也会提起她的孩子们。我总是听着，并表现出一种关切的态度。她开始对我产生了安全感，告诉我越来越多的事情。

现在我知道她已经对我放下了戒心，便开始每次向她多要一些蔬菜了。她也都会毫不怀疑地卖给我，一边交易还一边说着她的心事。我隔三差五就会去她店里，故意只买极少量的菜，这样看起来就不那么明显。

开春以来，天气一直都很好，大家所期盼的盟军登陆正需要这样的好天气。到了五月，仍然保持着这样的好天，只是我们仍没有等来期待中的盟军。

在阁楼里，我们的话题总是围绕着即将到来的登陆反击战。人们渐渐凝聚起一种期盼的兴奋感，无论登陆的地点何在，仿佛只要盟军一在欧陆登岸就会势如破竹。阁楼里的朋友们和亨克针对盟军登陆的地点，各抒己见地争论着。

我热切地期盼盟军快点登陆，因为食物短缺的情况越来越严重。我第一次开始担心自己还能不能继续养活阁楼里那八个犹太人。有时候我需要一家接一家地走遍许多店铺，就算到黑市上也不一定有充足的供应。

不久，我们终于等来了盟军登陆作战的消息。英国广播公司报导说，盟军已于六月六号清晨在诺曼底成功登陆了。我和亨克现在没有了收音机，所以对此一无所知。不过在去上班的路上，我可以感受到空气中的嗡嗡声，就像那种电流声，街上的人们看起来像是恢复了多年不见的生气。我回到办公室的时候，大家的情绪也被这个消息带动了起来。

库普休斯先生紧紧地抱了抱我。"是的，盟军确实登陆了。"我进入阁楼，发现那里就好像有电流流过一样，所有的人都贴着收音机，等待着更多的消息。据说，美国的艾森豪威尔将军就要发表演说。

每个人都在揣测着，再过多少天，盟军就会从诺曼底海岸推进到我们所在的荷兰。

亨克也在午餐时分跑了上来，他的脸庞因为兴奋而泛起了红光。我们都围在收音机周围等待那位美国将军的演讲。终于，我第一次听到了艾森豪威尔将军那典型的美国口音。他把那天称为"登陆日"，他保证说盟军将在今年———九四四年内取得对德作战的全面胜利。

每一天，弗兰克先生都将他钉在地图上的图钉向荷兰的方向稍微移动一下。现在，安妮就要过十五岁生日了。我们像以往一样，会在大家生日的时候尽量做些好吃的来营造纪念日的氛围。虽然安妮已经长大了，但她还是我们这里年纪最小、最为活泼的一员。

安妮用纸用得很快，我从楼下为她找来各种纸张。因为我知道她需要做习题，还要记日记，没纸可不行。为了给她庆祝生日，我和埃莉将一些空白的练习本钉在一起，做成一本漂亮的大本子，我还从黑市上给这位喜欢甜食的姑娘找来了一些糖果。

就在安妮生日的前几天，彼得——这位几乎没有和我说过话的小伙子将我拉到一边，将一些硬币按到我的手上，问我是不是可以帮他找些漂亮的鲜花来送给安妮。我听到彼得的请求感到异常惊讶。他就站在那里，看上去是那么健壮，还有一头漂亮的棕色鬈发。多可爱的小伙子，我心想，并被他温柔的一面打动了。

"要保密啊，梅普。"他补充道。

"当然了。"我干脆地回答说。

我最终也只能找到一些淡紫色的牡丹花。我将花交给彼得的时候，他的脸都涨红了。他拿了花就马上回到属于他的那个楼梯间去了。

七月的一天，我们的一个推销员带着个巨大的箱子回来了，里面装满了还带着泥土的新鲜草莓。"这是给你们办公室职员带的礼物。"那位推销员说。

我们公司礼拜六只上半天班。当我工作的时候，只要想起那些熟透了的新鲜草莓就直流口水。终于等到中午，工人们都下班回家了，只剩下我们这个小圈子里的人：克拉勒、库普休斯、埃莉还有我。已经有人上阁楼通知他们可以自由活动了。

我的性格总是有点跋扈，所以当我有了将草莓做成果酱的主意以后，就马上指挥大家行动起来了。很快我就有了足够的人手来帮忙。那些留在公司里的人，还有阁楼上的朋友们都聚到厨房这边了。公司的厨房很隐蔽，从街上是望不进来的。大家在厨房里都摩拳擦掌，纷纷过来问我："梅普，我有什么可以帮你做的吗？"

水很快就烧开了，草莓也洗得干干净净，并都已去掉了顶端的茎。整个制作的环节被分配在公司上下两层楼的厨房里进行，我带领的小组则需要不断地在两个厨房间跑上跑下。每个人的劲头都提了起来，煮草莓所散发出来的浓郁甜厚的香气到处飘散着。我发现每个人都自如地走来走去，有说有笑的，看上去就好像在幻境中一样，仿佛战争已经结束了，大家又都重获了自由。

因为我是做果酱的好手，所以大家都按照我的指示忙活着。虽然时不时有人偷吃了几个原本要拿来下锅煮的草莓，但是大家干得都很惬意。安妮的嘴里满是草莓，多得都快说不出话来了。彼得也一样，还有范丹太太，大家都尽情地吃着草莓。后来大家开起了我的玩笑，因为我一面指责大家偷吃草莓，一面往自己的嘴里塞满了这新鲜多汁的东西。

空气里满是甜甜的香味，就连那两只猫咪——莫斯奇和莫菲也滚成一团，享受这轻松惬意的午后时光。

那年七月里的一天，酷暑难当，我早早地做完了当天的工作。那天办公室里静得出奇，令人直犯困。我决定去一趟阁楼，来个出其不意的探访。我纯粹就是想过去和他们聊聊天。这样的探访对躲在阁楼里的人们来说，仿佛能令时间过得快一些，而且聊起天来总是兴致盎然。

我爬上了陡峭的台阶，经过弗兰克夫妇的卧室时，看见安妮独自站在拉着帘子的床边。

我走了进去，房间里很黑，因为我刚刚从楼下光亮的环境中上来，调整了好一会儿眼睛才适应过来。安妮坐在窗边的一张旧桌子旁，从她坐着的地方望出去，既可以一窥外面的栗子树和小花园，又不会被街上的人看见。

我看到安妮正十分专注地写着些什么，并没有注意到我的到来。我走到离她很近的地方，当我正要转身离开的时候，她抬起头来见我站在那里，大吃了一惊。在我们多年的交往中，安妮就好像是只变色龙，一会儿一种情绪，不过所有的情绪都是那么友好。她待我总是那么直爽，甚至还带着些许敬佩。不过在这一刻，我在她脸上看到了一种从来没有见过的表情，厌恶而痛苦，像是很不耐烦。看来我被这种表情小小地伤了一下，竟一时语塞。当她转过头去继续写作的时候，好像刚刚的烦恼突然烟消云散了一般。面对这样的情景，我也不知道该说什么好了，只是静静地看着安妮那沉思的样子。

弗兰克太太一定是听见了我的到来，我也听到她蹑手蹑脚地走到我身旁。从她的语气中我可以听出个中的缘由，她和我说起了德语，通常她只会在解释复杂情形的时候才说德语。她的语气既柔和又不无调侃。"是的，梅普，你瞧，我们有个爱写作的女儿。"

就在这时，安妮站了起来。她合上了刚刚还在写写画画的本子，脸上还是刚才那种表情，用一种我从来没有从她口中听过的凶狠口气说道："是的，不但写，而且把你们也写进去。"

她还是怔怔地盯着我看，我想我必须要说些什么了，可是我从牙缝中挤出来的是那么几个干涩无比的词语："那真是太好了。"

我转身走了出去。我为安妮这种懊恼的情绪而感到不大高兴。我意识到，写日记已经渐渐成为她生活的客体了，我刚刚那么做正好搅扰了那种非常非常私密的交流。我下楼回到自己的办公室里，心里很不是滋味。刚刚那个一定不是我认识的安妮，我一整天都在这样想。她对我的搅扰是如此愤怒，和平时判若两人。

希特勒在广播中的演讲越来越歇斯底里了，话语间全无道理可言。看得出来，这么做是在为他节节败退的军队打气呢。他叫嚣着自己的军工厂已经生产出了最新的神秘武器，并将给盟军以毁灭性的打击。他的声音不再像个统帅军民的领袖，而更像个歇斯底里的幻灭者。

不过，虽然盟军在不断推进，但是阿姆斯特丹的生活变得越来越糟糕。有时候，我坐在我的办公桌前，虽然面前还有等待完成的工作，但是我的注意力完全不能集中，一边无所事事地用铅笔头敲打着窗棂，一边望着楼下街边流过的运河发呆。我惦记阁楼里的朋友们，他们一声不吭，却又与我咫尺天涯。这种感觉很奇怪，我感觉自己已经孱弱到撑不下去了。我默默地想着，我的主啊，我还可以再为他们做些什么？是不是还有些我没有去过的店家？请你告诉我，究竟将要发生什么？

最坏的是，当我感到无助的时候，周围竟没有可以分享这种感受的人。既不能和弗兰克夫妇说，也不能将这种感觉告诉平时在公司里经常聊天的库普休斯先生。我甚至不能和亨克分享，因为他也正做着"违法"的事情，我不能再加重他的负担了。

每当糟糕的一天过去，我总是拖着疲惫的身躯回到家里。有时候回到家里，看到亨克也和我一样精疲力竭。我们都不会向对方抱怨些什么，我会尽力去做一餐好饭，亨克、卡雷尔和我都会一道围坐下来吃饭。卡雷尔经常会唠唠叨叨地扯东扯西，毕竟他在全然孤独中又度过了一整个白天。此时我和亨克往往都是静静地听着。

我和亨克有时候会不理宵禁令，在夜里去马路对面的朋友家，在那里我们可以从收音机里听到从英国传来的荷兰新闻。

先是熟悉的开场白："各位听众晚上好。这里是来自伦敦的橙色广播。今天的主要内容有……"接下来就会播报各种消息，诸如"蓝鸟在屋顶行走"，或者"自行车胎没气了"，又或者"车辆在街上逆向行驶"，等等。

这些听上去不着边际的东西其实是播报给这里的地下抵抗组织听的，对他们来说，这都是些重要指令的暗语。

橙色广播说我们的艾琳公主也参加了登陆日那天的战斗，他们和加拿大军队并肩作战。广播里还自豪地说荷兰有二百五十几名战士参与了英国皇家空军的行动。

渐渐迈进七月下旬了，我们听说了越来越多针对希特勒的暗杀行动。有好几次我们都一度认为希特勒已经被干掉了，不过德国的广播电台马上直播了他的讲话，以证明他仍活着。

过了几天，橙色广播报导说美国布莱德利将军指挥的第十二集团军已经撕开了德军的防线。又过了几天，电台报道说巴顿将军的第三集团军已经拿下了诺曼底滩头的桥头堡——阿弗朗什市。这样看来，德国人的整个西岸防线已经瓦解，纳粹守军的抵抗也几近崩溃。

像这样的新闻对我们来说就是一剂强心针。

晚上躺在床上，我能听见往德国方向飞去的英军战机的轰鸣，还有地面德军的防空火力，各种声音响成一片。后来，我们远远就听出了正朝这里飞来的美国轰炸机群，它们也是飞向德国本土的。听到这些，我们感到自己又恢复了精神。每天晚上，橙色广播就会播报当天的轰炸地点——汉堡、柏林、斯图加特、埃森，也会介绍该次空中打击的烈度。

我唯一的希望就是快点打败德国，快快结束这场可怕的战争。我们知道，已经离胜利不远了。

第三部　最黑暗的日子

第十五章

一九四四年八月，那是一个再平常不过的星期五。一如往常，我到公司的第一件事就是上阁楼去拿当天的采购清单。经过了一夜的锁闭，那里的朋友们都很期待我的探访。安妮还是和往常一样，一个劲儿地问问题，总想拉住我聊一会儿再走。我答应她，等我买完东西以后，下午就会再过去好好坐一坐。不过，真正想要聊聊天也确实得等到那个时候，现在其他工人们都正赶着来上班呢。我回到自己的办公室里，开始了一天的工作。

埃莉和库普休斯在办公室里正好坐在我对面。十一二点的样子，我抬起头，正想歇一歇，猛然看见门口站着一位穿着便衣的警察，他显然是没有敲门就进来了。他走了过来，举起左轮手枪对着我们，并用德语吼道："待在原地！不许动！"

然后他径自走到后面克拉勒的办公室里去了。我怔在那里，吓得目瞪口呆。

埃莉害怕得开始发抖，库普休斯先生则紧紧盯着后面办公室的门口，想等刚刚那个拿枪的便衣出来。

就在便衣警察离开我们办公室的时候，我马上将那些伪造的配给券、现金和亨克的午餐都从包里拿了出来，便站在原地等着。那时正是吃饭时间，亨克马上就要来了。果然不出几分钟，我就听见了亨克熟悉的脚步声。就在他将要走进我们办公室的一刹那，我冲到门口，将门打开，紧紧地抓住他的双臂说："亨克，快走。"

　　我将刚刚从包里拿出来的那些东西一股脑儿塞进他的怀里，还故意向外推了他一把。他马上反应过来了，迅速离开了我们公司。

　　我紧张得大口喘气，走回我的办公桌前，就是刚刚那个便衣叫我站着别动的地方。

　　亨克一走，库普休斯先生就发现埃莉情绪异常，甚至开始哭泣。他把手伸进衣袋里，摸出自己的皮夹递给埃莉，告诉她说："拿上这个，去莱利大街上的那家药店。店主是我的朋友，会把电话借给你打的。你就打电话给我太太，告诉她这里发生的一切，然后你就逃命去吧。"

　　埃莉惊恐万状地看着我。我向她点了点头，表示赞同库普休斯的意见。她拿上钱包就冲出了办公室。

　　库普休斯先生凝神看着我，说道："梅普，你也走吧。"

　　"我不能走。"我回答说。确实如此，我是走不了的了。

　　库普休斯和我就一直坐在自己的位置上，从警察进来到现在，时间大概已经过去快三刻钟了。这时，我们办公室里又闯进来一个人，他叫库普休斯先生跟他一起进克拉勒的办公室。我则继续坐在原位，对于眼前正在发生的一切毫无头绪，也不敢去想。

　　我先是听见一声开门声，继而那扇从我们办公室通向储藏室的门也开了，库普休斯先生走了出来。因为他没把门带上，所以我可以透过这间位于总务室和克拉勒办公室之间的储藏室将里面的情况看个清楚。

　　就在这时，跟在库普休斯后面的那个人用德语说道："把钥匙交给这位年轻的女士。"然后那人又回到克拉勒的办公室里去了。

　　库普休斯走过来把钥匙给我，对我说："梅普，请你务必置身于此事之外。"

　　我听后，不住地摇头。

　　乔·库普休斯目光如炬地盯着我的眼睛。"不。你必须保护好自己。因为只有你活下来才能多少保护一些其他人，拜托你了。"

然后，他紧紧地握住了我的手，还没等我说话，就走回克拉勒的办公室里去了，并且将门关了起来。

我脑海中只有两件事：第一，那个德国人的口音好像在哪里听到过；第二，他们或许认为我对帮助藏匿犹太人的事一无所知。

过了几分钟，刚刚那个带枪的德国人回到了我的办公室里。他没有看我一眼，就径自坐在了埃莉的位置上开始打电话。我听到他在电话中要了一辆车。

他走出来的时候虚掩着门，我听见有人高声地说着德语，然后是克拉勒先生的声音，接着又是那个德国人的声音。突然，我想起了这种熟悉的德语口音，这是种带有浓重维也纳口音的德语。这种口音听起来，和我那些多年未见的亲戚们很像。

这个人也回到我们总务室了，不过他对我说话的腔调变了，我看得出，他已经不再当我是个置身事外的人了。显然，他意识到我和这件事是脱不了干系的。他走过来站在我的面前，厉声道："现在轮到你了。"他伸手将库普休斯先生给我的钥匙拿了过去。

我站起身来，和他面对面站着。我们之间的距离如此之近，我甚至可以感觉到他呼吸的热度。我目不转睛地看着他，用同样口音的德语对他说："你一定是维也纳人，而我也来自维也纳。"

他怔住了。我想我一定令他大为意外。他顿时看上去显得有些恍惚，就好像一下子没弄清楚状况一样，然后突然冲我吼道："拿你的身份证来。"

我掏出身份证，上面写着"生于维也纳。与荷兰籍男子成婚"。他仔细地看了看我的证件，这才意识到那个坐在我对面的人正在打电话。他冲那个正在通话的人喊道："给我滚出去。"

那个人挂掉电话，像只落难的小狗一样，连滚带爬地出去了。然后那个维也纳人将门微微关上，现在房里就剩下我和他了。

他在盛怒中将身份证甩回给我，然后走近俯视着我，仿佛腰都弯了过来。"你对帮助这群犹太杂种一点也不感到羞耻吗?"他向我狂吠着。接着他开始用各种粗言秽语咒骂我,说我是卖国贼,说我必将受到严厉的惩罚。他忘乎所以地大骂,而我还是一动不动地站在原地,对他的话不置可否。他越说越显得紧张,继而开始在屋里来回踱步。突然,他冲我踮起了脚跟大声说:"我究竟该怎么处理你呢?"

这一刻,我知道事态已经得到些许控制了。站在他面前,我感觉自己仿佛高大了一点。他上下打量着我,我甚至可以听见他的自言自语。这两个面对面站着的人,他们来自同一个国家,来自同一座城市,可是一个追杀犹太人,一个却要保护他们。他稍微平静了一下,原本狰狞的面目舒缓了一些。他还是不住地打量着我,最后说道:"出于我个人的同情……出于我自己,或许可以让你留在这儿。但是如果你想要逃走的话,那么只能祝你好运了,我们会去把你的先生抓起来。"

我知道这么说一点也不明智,但我还是脱口而出:"你们不要动我的先生,这是我自己的事。他和此事一点关系都没有。"

他摇着头冷冷地笑道:"你不用装腔作势了,他显然脱不了干系。"

他走到门口,打开门,将要走出去的时候回过头来说:"我还会回来的,看看你究竟有没有逃跑。"

我暗暗地在心里说,你可以做你喜欢的任何事,喝毒药都行,但是我无论如何是不会逃跑的。

"我还会过来检查的,你最好一动不动,否则我就把你扔到监狱里去。"他又说了一遍,说完就甩门出去了,把我一个人留在了房里。

我无从知晓他究竟去了哪里。我也不知道在公司的其他地方正在发生些什么。我的情绪差极了,感觉自己仿佛跌进了无底深渊一样。我该怎么办呢?我坐了下来,感觉浑身上下都在颤抖。

然后,在克拉勒办公室后面走廊的尽头,就在那木楼梯的位置,我听见了阁楼里那些朋友们的脚步声。从这声音就可以判断出他们是被人像赶狗一样赶下来的。

我怔怔地坐在那里，对时间已经没有了概念。过了些时候，两个工人从楼下来到我的办公室里，对我说他们感到很抱歉，没有及时意识到有外人闯进来。然后范马托进来说了些什么，那个维也纳人就把从我手上拿去的钥匙交给了他。我已经说不清现在究竟是几点，只知道第一个纳粹党人冲进来的时候是十一点到十二点之间。最起码又过了一个半小时，我听见阁楼里的朋友们从后楼梯下楼的声音。然后不知过了多久，埃莉回来了，亨克也过来了，我这才意识到已经五点了，已经挨过了一整天。

亨克一来就告诉范马托说："等你的助手们一走，你就马上锁好门回到这里。"等到范马托回来，亨克对大家说，"我们现在就去阁楼看一下里面的情况。"

范马托揣着纳粹交给他的公司的门钥匙。我们都向那个书柜走去，拉开柜子，打开了通向阁楼的那扇门。门还是锁着的，至少看上去没有被撬动过的痕迹。幸亏我配过一把备用钥匙，我顺利地打开了门，进入了阁楼。

一打开门，我就看到整个房间都已经被人翻了个底朝天，抽屉都开着，东西撒了一地。我的眼前尽是掠夺过后的可怕场景。

我们走进弗兰克夫妇的卧室，里面一片混乱，到处都摊着书籍、纸片。我一眼就看到安妮那本橙红格子的布面日记本，这本本子是她爸爸在她十三岁生日时送她的礼物。我向埃莉指了指这本本子，她马上就蹲下去将日记本捡了起来，把它交到我的手里。我还记得安妮收到这个本子时的高兴劲儿，她终于有本可以记录私密心事的漂亮笔记本了。我很清楚这本日记本对安妮来说有多珍贵。我继续在地上搜索属于安妮的东西，又发现了她的一本小账本，还有些从本子上掉下来的零散纸张。记得那时，她的橙红格子日记本已经用完了，我和埃莉送了一本本子给她，这些纸应该就是从那本本子上掉出来的。埃莉看上去还是惊魂未定，一直看着我，等我给她指示。我告诉她："帮我把安妮的东西都捡起来。"

　　很快我们就搜集到了一大沓安妮写写画画的手稿。我的心怦怦直跳，很担心那个维也纳人会回来检查，到时候我们就会和这些"犹太财物"一并被掳走。亨克捡回了好些书，捧在怀里，里面还有从图书馆借来的书和杜赛尔医生的西班牙文书籍。他向我使了个眼色，示意我加快动作。范马托极不自然地在门口站着。我和埃莉的怀里都装满了纸张。这时，亨克开始走下楼去，范马托紧随其后，然后是埃莉，她看上去稚嫩而慌张，我拿着钥匙走在最后。

　　当我正要离开阁楼的时候，经过了他们的浴室。安妮那块米色的碎花梳头披肩抓住了我的眼球，它就挂在晾衣架上。虽然我的怀里已经抱了满满当当的东西，但我还是进去用指头把它挑在手上。就像刚刚去捡那日记本一样，我自己也说不清为什么要这样做。

　　我弯下腰将通向阁楼的大门锁上，尽量不让怀里抱着的东西跌出来。

　　回到办公室里，我和埃莉放下了怀中的东西，两人相视而立。埃莉开口说："你比我年长，由你来处置这些东西。"

　　我打开了写字台最下面的那个抽屉，将安妮的那些手稿塞了进去，日记本、小账本，还有那些散碎的纸张。我一边塞一边对埃莉说："好的，安妮的东西就都交给我来保管好了。"说着我就将她手里的纸张都拿了过来，一并塞进我的抽屉里面。"我会将安妮的东西妥善保管好的，直到她平安回来。"

　　说着我关上了抽屉，但是没有上锁。

　　回到家里，我和亨克就像被人暴打了一顿，泄气得要命。我俩面对面地坐在餐桌旁，一如既往地听着卡雷尔唠叨。我们都没有在卡雷尔面前提起白天发生的事。到只剩下我们两个人的时候，亨克对我说，他在离开我们公司以后，就将我塞给他的伪造配给券、现金和午餐妥善地处理好了。

亨克说："带着这些东西，我直奔办公室。从你们那里到我公司平时要走七分钟的路，今天我用四分钟就走到了。尽管急着赶回去，但是我也不敢小跑，就怕在路上引起别人的怀疑，说不定他们从你们公司跟踪我出来呢。

"回到办公室里，我马上将这些东西从钱包里拿出来，塞在我柜子里的一堆文件中。当时我的脑海中乱极了。我知道除了等待，做什么都于事无补；但我觉得总该做些什么来缓解心里难以抑制的紧张。我觉得在办公室里待不住了，决定出去找库普休斯的弟弟，他是一家钟表厂的负责人，厂子就在我们公司附近的街角。

"我找到他，并把情况如实以告。他听后也怔住了，大家面面相觑，不发一言，都不知道如何是好。最后，我提议我们去王子运河街，在运河对面找个地方躲起来，好观察你们公司里的动静。我们都觉得这也许是眼下最实际的做法了。

"我们很快赶到了运河边，在一个隐蔽的角落里隔着河面正好可以望见你们公司。几乎同时，绿警察的卡车也开到了公司门口。车子既没有鸣警笛也看不到有人下来。

"卡车的车尾紧贴着你们的大门，就横亘在人行道上。从我们这个角度斜视过去，还可以勉强望到大门。突然，门开了，我见到了躲在阁楼里的那些朋友，他们被赶在一起，每个人手上都拿着些什么，鱼贯进入车厢里面。因为离得太远，我看不清他们的脸。不过我见到库普休斯和克拉勒也一起被带走了。此外还有两个穿便衣的人跟车，他们将所有人弄上车厢，然后绕到前面，坐进驾驶室里。我当时并不确定你是否也在这群被带走的人里。

"当所有被抓的人都登车之后，一个绿警察过来'砰'地将车尾门关上，然后沿着王子运河街开走了。接着车子穿过运河桥来到我们站着的这一侧河岸，并调了个头向着我们的方向驶来。还来不及躲藏，车子就从距离我俩大约两尺远的地方擦身而过。因为关着门，我看不见车厢里面的情况，所以我扭过头去，不让那些警察看到我。

"那个时候我既不知道你们办公室里还有谁，也不知道里面正在发生些什么，有什么危险，所以我们就各自回去了。一直等到下班时间才来，这样看起来不会那么扎眼。"

听完了亨克的一席话，我们还是相视无言，彼此都很清楚大家的处境，只是都不愿意点破罢了。最终亨克打破了沉默："我明天早上过去一趟。"第二天，亨克就把这件事告诉了杜赛尔太太。

"她看上去处变不惊，"亨克后来告诉我，"杜赛尔太太听到她丈夫一直留在阿姆斯特丹市内感到很意外。她说她以为丈夫会躲在乡郊野外的某个地方，而她丈夫显然是个会喜欢在郊外生活的人。"

次日，我还是照常上班，只是惊恐的心情一点也没有平复。现在我成了公司里职务最高的人了。因为从一九三三年就开始跟着弗兰克先生做事，所以我对公司的生意倒也了如指掌。

就在那天，公司好些销售人员都回来了，我就把昨天发生的事情原原本本地对他们讲了一遍。因为弗兰克先生人缘很好，所以大家听到这个噩耗无不悲痛异常。

其中一个营业代表走过来问我："吉斯太太，我可以和你单独谈谈吗？"我同意了，和他走进一间没人的办公室里谈话。

"吉斯太太，我有一个主意。我们都知道大战即将结束。那些德国人已经疲惫不堪了，估计也想回国。他们一定会想带些什么东西回去的，钱当然是其中之一，而且多多益善。您不妨去找那个维也纳来的纳粹，他既然昨天没有抓你，也许会听你说说呢？不如你去问一下，他要多少钱才可以赎回昨天被捕的那些人？这件事只有你能办。"

我听后，看着他的脸，如果没有记错的话，这个人是这里的纳粹国家社会主义运动的成员。抛开这些，他平时倒还挺友善的。我想起来了，弗兰克先生在躲去阁楼前曾经留意过他，他是荷兰纳粹党的成员，因为他总在领口别个党徽。我还记得弗兰克先生曾经对我说过："这个人是可以信赖的。我看得出他骨子里不是纳粹。他加入国家社会主义运动，一定是因为平时一起混的那帮哥们都加入了荷兰纳粹党。他是个大学生，又不好意思离群索居，所以才加入的。"

想到这些，加上我自己内心的想法，我便对他说："好的，我去试试看。"

他更为详细地讲了讲他的计划。"弗兰克先生人缘这么好，我可以去找他的朋友们凑凑钱，或许能凑到一些给那个维也纳人。"

事不宜迟，我马上抓起电话打去位于南阿姆斯特丹区奥特普街上的盖世太保总部。当我听见电话那头他的声音时，就用德语询问我是否可以过去见他。"事关一些很重要的东西。"我在电话里说。

"好的。"他答复我。他叫我礼拜一上午九点过去。

那天我步行去盖世太保总部。那里的屋顶上挂着纳粹红黑两色的万字旗，到处都是穿着军装的德国人。进入这座大厦的人未必都能活着出来，这已经是众人皆知的事情了。我走了进去，向卫兵询问那个维也纳人的办公室。

知道了准确位置以后，我就径直走去他的办公室。那是一间中等大小的房间，里面放了很多张办公桌，桌前都是正在忙碌着的打字员。我要找的人坐在面向我的位置上。他的名字叫卡尔·西伯鲍尔。

我朝他的办公桌走去，站在他面前，我背后就是那些打字员。令我意外的是他的办公室里竟然有那么多人。所以我只是静静地站在他面前，看着他。我一言不发，只是把大拇指放在食指和中指上摩擦了几下，比划了一个钱的动作。

他看见我做这个动作，说道："今天你来找我也没有用，明天再来吧，九点准时来。"然后他低下头，示意我可以出去了。

第二天一早，我又去他的办公室。这次，房间里除了他一个人也没有。我开门见山地说："你开价多少，可以释放那天你在我们公司抓走的那些人?"

他回答说:"很抱歉,在这件事上我也帮不了你。我刚刚收到命令,我不能擅自处理这个案件。"

我也不知道哪来的勇气,脱口而出:"我才不相信你呢。"

他倒没有生气,只是对我耸了耸肩又摇了摇头。"你去楼上找我的上司吧。"他把上司的房号告诉我,然后好像无可奈何地继续摇着头。

我定了定神,强迫自己上楼去找那间办公室。我敲了敲门,不过没有人来应门,我就自己开门走进去。

当门打开的时候,我看见里面有一张大圆桌,桌边围坐着的尽是纳粹高级军官,他们的军帽就放在桌上。桌子的中间有台收音机,里面正播放着英文广播,我一下子就听出来,那是英国广播公司。

当他们将那种愤恨的眼神向我投来的时候,我顿时意识到自己见证了一场所谓的集体叛国罪行,叛国是会被处死的。我知道他们一定会对我无所不用其极,所以我反而无所无惧了。"这里谁是负责人?"我问道。

一个军官站了起来,面目狰狞地看着我,走了过来。他咬着下嘴唇,张开手掌,一把按在我的肩头。"滚!"他狂吠着,把我推出门外。我在他眼中仿佛就是件肮脏的垃圾,他说完就转过身,重重地在我面前把门甩上。

我的心狂跳着,害怕自己马上就会被捕。我走下楼去,回到西伯鲍尔的办公室里,他已经站在那儿等我了。我摇了摇头。"我都和你说了,不是吗?"他目露凶光地说,然后命令道,"马上离开这里!"

我心里有一个声音在说:"还能怎么样呢?"面前这个人就是块顽石,而我确实已经尽了全力了。

我拾级而下,向大厦的门口走去。走廊里到处都是盖世太保,像一群穿着制服的苍蝇。那个念头再次出现在我的脑海里,进来这里的人,不是都能活着出去。所以我一步步地走着,等着有人来抓我。

终于走出了大厦,我暗自庆幸可以从这里全身而退。

办公室里的同事都向我要求看安妮的日记。我都会一一回绝他们："不，我们没有权利这么做。就算她还是个小女孩，但是这也是她的东西，是属于她的秘密。我只会交还给她本人，不会给其他人看的。"

安妮的手稿在阁楼里散落一地的情形始终在我的脑海中盘旋，我知道仍然有一部分稿子还散落在阁楼里。我不敢上去取，因为西伯鲍尔已经来查访过好几次了。他刚刚还探着脑袋说："我就是来看看你有没有逃跑的。"我用沉默回答了他。如他所愿，见到我没有逃跑，他很快就走了。

我不敢再去那个书柜后面了。对我来说，看着人去楼空的样子太不是滋味了，我难以面对。

不过我知道，过个三四天，PULS 公司的人就会来将这些犹太人财产搬走运去德国了。我对范马托说："当 PULS 的人来清理阁楼的时候，你也跟着上去，就装作帮忙的样子。不过请帮我收集地上像这样的纸张，然后拿来给我。"

PULS 的人第二天就来了，开来了一辆大货车，就停在我们公司的大门口。当他们将那一堆一堆曾经熟悉的东西装上车的时候，我实在不忍去看。我站得离窗子远远的，还是不敢想象这一切，并试着假装好像一切都没有发生过，我们的犹太朋友还在那里照常生活，就在我们头顶上的不远处。

范马托照我说的去做了，当他们走了以后，他递过来一叠安妮的手稿。跟上次一样，我没有去翻看里面的内容，只是把它们理成平整的一叠，然后放进最下面的那个抽屉里，就压在上次那些稿子的上面。

PULS 的车一走，我们的办公室里变得鸦雀无声。我环视了一下房间，看到彼得养的那只猫咪正大步向我走来。它径直绕到我后面，在我脚踝上磨蹭着它的身子。我想它那天一定是躲起来了，一直躲到现在。

"来吧，莫斯奇，"我语带坚定地对猫咪说，"来厨房里，我给你找牛奶喝。从现在开始你就待在我们办公室里，有我和莫菲陪你。"

第十六章

因为我们现在身处险境，所以为了安全起见，我和亨克请卡雷尔先生搬走。他必须得走，否则很有可能受到牵连。他很快就收拾好了随身行李，告诉我们他将回希尔弗瑟姆，并且想在安全的时候再回到我们这里来。我俩答应他，等条件成熟一定给他消息，请他回来同住。

因为库普休斯、克拉勒、弗兰克三位先生都已被捕，公司上下就剩下我一个人来打理生意了。因为我还没有被捕，而且又是基督徒，所以 PULS 公司的人就没有过来清走办公室里的东西，也没有动楼下那些磨香料的机器。顿时，我意识到库普休斯先生坚持要我置身事外的原因了，他要我留下来照看生意。暂时放下我对那些被抓走的同事、朋友强烈的思念，我决定要替他们照看好公司的生意。因为对整盘生意的流程都很清楚，我自然而然地挑起了公司的大梁。我发现令公司继续运作其实并不难，最麻烦的是没有签署支票的人，没有支票就不能给大家发工资了。

我去了一趟公司开户的银行，并求见银行经理。那位经理请我到他的办公室里坐下。他是个样貌俊朗的年轻人，他告诉我自己刚刚结婚。我把公司的困境原原本本地和他说了一遍，并且告诉他，为了弗兰克先生，我想替他继续运作这家公司，可是没有签署支票的权限，以至于无法出粮。

他听完我的叙述，对我说："那就用你的签名吧。你就在需要的地方签名好了，我会授权他们放款给你。我们会按你要求的数额全额付款的。"

这样，虽然公司经历了最为黑暗的一段，但是生意仍要继续。做香肠的香料、做果酱的果胶等等订单倒是没有中断，我们公司也继续照单出货。

埃莉的父亲——汉斯·沃森，因为癌症恶化去世了。在我看来，对于这位老人来说，现在去世也算是一种解脱了。

亨克还是继续不顾危险地做着地下工作。因为德国人在到处抓人去德国做苦力，很多像亨克这个年纪的壮年都躲藏了起来。所以地下抵抗组织急需人手。

就在抓捕事件发生后不久，亨克有一天晚上回来告诉我，他白天在和下线联络的时候遇到了险情。亨克看上去焦虑极了。

"我今天正要去找那些人。联络的时候，我都会像附近的邻居一样，通常让别人家楼下的大门敞开着。所以我不用按门铃就走上楼去，先敲一敲里面的房门，然后说出接头暗号。不过今天，我正要敲门的时候，听到了一个男人的声音，而且说的是德语。虽然我知道大家应该在等我，但是这个说德语的男人一定不是自己人。因为屋子里唯一的男人应该正躲藏在乡间某处。我马上就警觉了起来。

"我又听了一会儿，听到了一男一女在用德语交谈。我想或许这只是电台的广播剧，又或者仅仅是些毫不相关的其他事，不过我不能冒险，还是离开了那里。随后我回到自己的办公室里，将刚刚发生的事情向我的接头人和盘托出。"

出事以后，亨克在地下组织的上司很快就判断亨克已经落入了陷阱。对于组织来说，他已经没有价值了。我们也这样认为，因为纳粹就在我们身旁。亨克对于那些他想要帮助的人来说已经变成了一个累赘，而非助手。

上线很快就取消了由亨克接手的所有个案。

　　八月二十五日，法国解放。盟军开始捷报频传，九月三日布鲁塞尔光复，九月四日拿下安特卫普。

　　下一个就轮到我们了。

　　九月三日，英国广播公司报导，英军已经进入荷兰南部地区了，驻扎在一个叫布雷达的镇上。一种冲破藩篱的喜悦横扫阿姆斯特丹，大家高兴得忘乎所以。九月五日，那天被称为疯狂星期二，就在那天，德军开始撤出阿姆斯特丹了。

　　现在的德军没了以前威风的样子，想当年，他们占领这里的时候曾经那么趾高气扬、整齐划一。现在的他们和我们一样衣衫褴褛、瘦弱不堪，随身还带着各种从城里掳走的东西。

　　他们坐着火车，甚至骑着自行车，总之用各种方法逃回德国。也有部分军队撤去荷兰东部地区，和那里的荷兰内奸们会合。

　　大家都不是很清楚究竟为什么会突然撤军，特别是那些德军士兵，更是被蒙在鼓里。

　　我在阁楼上挂出了一面红白蓝三色的荷兰国旗，上面尘封的积灰已经掸落，旗子在空中和那橙色的彩带一起飘扬。人们开始在街上"非法聚集"，有人自制了一些英国国旗让孩子拿着，准备欢迎我们的解放者入城。

　　可是过了一天又一天，街上已然寂静了。渐渐地，德国人又开始在街头出现了，好像那些已经撤退了的士兵又回来了一样。英军已经进入荷兰南部的消息后来被证实并不准确。九月五日的那种激情开始消退了，不过我们大家都相信，现在离解放的那天已经不远了。

　　虽然战事令人感到模棱两可，但是大家还是照常生活着。到了九月十七日，威廉明娜女皇在电台里向荷兰近三万铁路职工发表演说，希望他们发起罢工，让德军的交通运输瘫痪。她的演说感人至深，给我们很大的鼓舞。女皇请求工人们谨慎行事，小心秋后算账。她的提醒不无道理，因为在当时发动罢工是要被判死刑的。

又是一个疯狂星期二，各种消息满天飞。那天我们在收音机里听到英国广播公司说，英美两国已经开始在亚琛展开空降作战，而艾森豪威尔将军的部队也已经推进到了莱茵河西岸，直逼德国的前沿阵地。铁路工人发起了罢工，第二天全国运输系统停止运转。

很快，参与罢工的工人们都躲了起来。德国人对这件事愤怒异常。整个国家仿佛都屏住了呼吸，等待我们的解放者到来。

就在这段时间里，有一天早上，我打电话给库普休斯的弟弟询问一些生意上的事情，他总是乐意给我提供做生意的点子。我向他询问一些生意上的琐事，可是他在电话里说道："你还是去问我哥哥吧。"

我被他语带讽刺的话吓了一跳："我怎么可能问他？你又不是不知道，他还在阿默斯福特的集中营里！"

他说："不，他正在去你们公司的路上，出去看看吧。"

我心想，这是个多么尖酸的笑话，也太不合时宜了。但是他又说了一遍："出去看看吧，梅普，这是真的。"

我扔下电话就冲了出去。埃莉以为我神经错乱了，也跟着我追了出来，一边跑还一边关切地喊着我的名字。

我的心怦怦直跳，我来回打量着街道，终于看到库普休斯先生了，他就在那座桥上向我挥手呢。

我和埃莉冲了上去。虽然这不像我的性格，但是我和埃莉还是一边跑一边喊着他的名字。跑到他面前，我们三个人紧紧地抱在一起，大家喜极而泣。

我们三人一起走回了公司。

我情不自禁地打量着他。他看上去精神比任何时候都好，一点都不像是个刚从德国集中营释放出来的囚犯。瘦削，不过面色红润、目光炯炯，我从来没有见过他这个样子。

我说他看上去状态好极了。他笑着说："集中营里的食物糟糕透了。

生的胡萝卜，有时候是生的甜菜，淡如水的餐汤。还有……恐怕你不会相信……我多年以来的胃溃疡竟然因此好了。这些没有煮过的食物竟然治愈了我的胃溃疡。"

他能够回来简直太好了，一种解脱而放松的感觉油然而生。

我问他："那么其他人呢，他们怎么样？"

他摇了摇头。"一开始我们都被关在一起，所有十个人都在一起。不过很快，我和克拉勒两人就和他们分开了。我也没有其他人的任何消息。"

他能安全健康地回来给了我很大的希望。库普休斯之所以可以回来，就是因为他的健康状况，是红十字会帮助他出来的。

我们还在等待着盟军的到来。等待中的时间是如此漫长。快到九月底了，天气开始转坏了。但是战局对我方一点也没有改变，德军也没有要撤退的意思。事实上，他们的凶残和报复心开始变本加厉了。等待，漫长的等待，我们心中的希望开始渐渐幻灭了。

为了惩罚铁路工人的罢工行动，德国人关闭了整个民用铁路系统，并用德军取代了原来的铁路工人。现在的铁路变成了他们的军用交通，每当有运食物和煤炭的列车驶来，他们就会抱以"饿死他们、冻死他们"的态度。很快食物和燃料都被迫停运了。只有少量的食物和燃料经水路，从荷兰乡间运抵阿姆斯特丹和鹿特丹。食物对于我们来说越来越显得紧缺，想要拼凑出一顿晚餐，往往要走遍好几家店铺，花上好几个小时。

就在九月底，有消息传来，在亚琛的英军遭到围攻，我们心头的希望顿时烟消云散。盟军看上去没有任何进展，显然德国人拖住了他们的脚步。我们沉浸在一片绝望的情绪之中。最糟糕的是，冬天又要来了。天气已经开始变差了，不断地下雨，感觉比往年这个时节要冷得多。显然今年的冬天将会很难捱，而且我们谁也没有可以支撑下去的信心。

希特勒仍然在官方广播电台里叫嚣着他传说中的秘密武器。终于，盟军攻下了亚琛，这是纳粹丢掉的第一个德国城市。这座城市也是当年弗兰克先生来阿姆斯特丹创业时，他太太带着一双女儿居住过的地方。那里其实离荷兰很近，但现在我们和它却相距甚远。

在我们这里，有成千上万的普通市民像以前遣送犹太人那样被装车运去德国。与此同时，也有更多的青壮年男子在德国人的眼皮底下躲了起来。现在的阿姆斯特丹街头只能看见妇女、儿童和那些年纪超过五十岁的老年人了。很幸运，亨克没有被他们逮到，他也一直保持着这种不错的运气。据说希特勒已经将征兵年龄范围扩大了，下至十五岁的男孩，上至六十岁的长者，都是征兵对象。

进入十一月，运河开始封冻，通过漕运向市区运食品和燃料已经不现实了，情况日益恶化。黑市食物的价格也开始成倍地猛涨。最近几周开始，我将自行车留在了家里，而选择步行去上班。因为眼下骑自行车太危险了，要是给德国人见到一辆运作正常的自行车，他们说不定会二话不说地冲过来把车抢来骑走。我可不能冒失去自行车的风险，它还要用来派其他用场呢。

自从库普休斯先生回来以后，我俩每天都一起走路上下班，单程都得走上超过一个小时。在大多数上下班的途中，街上总是阴沉沉的，还下着毛毛雨，路面上也鲜有行人。因为亨克是为公家做事的，持有特许通行证，绿警察是不会去骚扰他的，所以他依然可以骑车上班。不过很快他也不骑车了，而是把车留在了家里，因为自行车胎的供应短缺，我们需要省着点用。现在亨克也开始徒步上下班了。

我们现在要取暖没有煤，要做饭没有煤气，街上也没了电车，还时不时停电。这些关键物资现在只特供给德国驻军和医院了。

因为交通瘫痪，市民只能自己去乡间找食物。人们拿出了千奇百怪的东西来运送自己找来的食物，有板车、婴儿车、木头轮子的自行车、手推车等等。我们此前已经受到食品配给管制了，而现在更是到了快要饥荒的程度。因为缺少食物，人们的身体都很羸弱，没有一点精神。

　　我也开始往郊区去找吃的了，一次比一次走得远。有一天，我和公司一位销售员的太太一起去乡间找食物。天还没亮就出发了，我们预想在晚上八点钟的宵禁之前赶回城里。因为我俩家里都还有自行车，便决定冒险骑车出去。

　　我们一路向北骑了好远，穿过一个接一个的牧场。这其实已经是不折不扣的乞讨了，我们用身上带的现金和其他任何有用的东西，比如纸张，去和农户交换粮食，总算为我们凑到了一小点食物——马铃薯、甜菜和几根胡萝卜。

　　我们意识到已经向北走出了很远，所以在找到食物以后，马上就启程返回市区。在回去的路上，我们遇到了两个男人，他们推着一辆大车缓慢地走着。我心里挺不是滋味的，因为和他们相比，我们的速度简直是日行千里了。很快，他们就消失在我们的身后。我们认为，以这两人的步行速度，还要推一辆大车，若想在宵禁以前回到阿姆斯特丹是不可能的。

　　天渐渐黑了，我们以最快的速度骑着自行车。突然，我朋友的车胎爆了。我们都束手无策，只有都下车推行了。看来今天是回不去了，我们决定在乡间找户农家投宿一晚，明天早上再赶路。

　　我们一路上向人们询问是否可以在他们的马槽和谷仓里借宿一晚，并向他们解释我俩遇到的困难。不过看起来没人想要冒险收留两个陌生人过夜，大家都拒绝了我们的请求。我们一筹莫展。

　　就在这时，刚刚那两个人又推着车赶了上来。听完我们的遭遇，其中一个人说："或许可以这样，把你们的自行车放到我们这大板车上来。你们跟我们一道走，就装成是我俩的妻子。"

　　我们面带疑惑地看着他俩。那人继续说道："你看，这是我们的特许通行证，我俩是邮递员，过了宵禁时间还是可以进城的。"

　　我俩互相看了看，还是觉得很不放心。那人又说："不是我们想打击你们，前面不远就是德国人的岗哨了。"

我也不再多想了，索性把自行车放到了他们的大板车上，弯下腰来和他们一起推车前进。

果然，没走出多远，我们就来到了那个岗哨。那个邮差叫我们留在车旁，"我们过去一下就来"。说完他俩都走进了岗亭。我们当时很害怕，因为这些德国人可以为所欲为，甚至会抢走我们辛苦找来的食物。两个邮差过了好一会儿还没出来，这令我们更为害怕。终于，他们出来了，并笑着对我们说："走吧，继续赶路。"

我们迅速地推车离开。因为岗亭里的士兵还没查我们的证件，而车里装的尽是邮差找来的甜菜和胡萝卜。到了后半夜，我们终于赶到了阿姆斯特丹渡口。我们错过了午夜零点的那班渡轮，所以需要再等上一个小时。好在那天晚上的天气不坏，我们等着等着就疲惫到站不住了。

等来了渡轮，我们摆渡去市区。市内的街道空无一人，静得出奇。四个人推车一直走到伯利奇大桥附近，我们就在那里和"丈夫"们道别。

我们推着自行车，车上装着白天找来的食物。我那朋友就住在大桥附近，在从大桥去她家的路上，我们大气都不敢出，生怕被人逮到。直到到达她家，放下食物、收好自行车、关上大门，我们才松了一口气。我在她家睡到清晨起来，骑上自行车，在熹微的晨光和绵绵细雨中继续往家赶。

有了这些食物，我和亨克又能撑上几个礼拜了。

冬天来了，阿姆斯特丹市民缺衣少粮，大家都瘦得快要皮包骨头了。包括我们在内，几乎所有人都衣衫褴褛，好些孩子穿着开了口的鞋子，有些人甚至用块木板或者一小块皮革往脚上一绑就算数了。

因为缺乏取暖的燃料，人们甚至开始将林荫道两旁的行道树砍了下来当柴烧。路上的汽车现在要在头上顶个像巨型气球一样的东西，因为油料断绝，所以车子只能将煮饭的煤气作为动力了。这种汽车看上去大腹便便的，还在车尾拖了个大烟囱。路面上的自行车则因为没有可更换的轮胎，而纷纷换上了木质的车胎。

在这寒冷的冬夜里，为了得到一点灯火，我们自制了简陋的"油灯"。就是先倒一杯水，再在水面上滴上少量的油，然后将一小块棉布搓成条，放在上面。这种"油灯"可以发出微黄的星火，不过只有一分钟左右的寿命。每当有风吹入房间的时候，这种烛火就会被吹得在杯子里团团转。

因为没有了肥皂，大家只能用清水洗衣服了，每个人身上都有股酸酸腻腻的气味。那些最为贫困的人身边布满了由虫螨引起的褥疮，都是没有肥皂之故。此外，市内的热水供应也异常紧缺。因为民用铁路已经被截断，所以卡雷尔先生要躲回阿姆斯特丹变得极为不便。虽然我们也不能确信这里是否安全，但还是给他捎去了口信，欢迎他在愿意的时候回我们这里住。

虽然停止了供电和供暖，但我们公司的业务还在苦苦支撑着。虽然业务量大不如前，但是养活这几个员工倒也足够了。我们公司贩卖的肉肠香料仍然有销路，虽然用的还是人造替代品。街上好些公司都停业了，在经过他们店面的时候，经常可以看见玻璃上挂着的告示："因为燃料短缺，暂时歇业。"我常常在怀疑，他们的生意是不是真的停顿了下来，会不会只是借故来避开警察的巡查，其实屋子里面躲着好些人？

近来，我们的顾客大部分都是些屠夫。我现在大量采购坚果的果壳，将其磨碎，再和那些从位于纳尔登市的化工厂里买来的综合香精混合在一起，这样就可以做出人造酱料了。这些酱料闻起来和真货并无二致，但是食之无味。不过因为它的香味持久，所以他们会将这种人造香料和生肉混合在一起做成香肠。

天晓得那些肉铺是用什么来制造肉肠的，因为现在到处都肉类紧缺。不过我从来没有问过他们，我还是不知道比较好。

我们其中的一个老顾客是一位出生在德国的厨师。抛开国籍不论，他算得上是个好人。在被德国占领的这几年里，他被抓去专门为德军做饭。他刚来向我们公司采购的时候，是由克拉勒先生和他接洽的。现在，每次他来我们公司的时候，库普休斯先生都会和他聊上很久。他每次都是现金付款，而且他告诉库普休斯先生，如果我们揭不开锅了，可以去找他帮忙。如果真去找他，唯一的麻烦就是他工作的地方很远，在荷兰东部一个叫坎彭的镇上。

不过揭不开锅的时候到底还是来了，我们一点粮食都没有了。库普休斯先生请我去找这个厨师，看看是不是能要到点食物来。这次，我还是和那个销售员的太太一起过去。因为她的自行车已经坏了，所以我们去朋友那里借了辆自行车才上路。

我们还是选在清晨出发。因为路途太远，我们一直骑到晚上才到达坎彭。一路上我们见到很多乡下人，他们一个牧场接一个牧场地寻找食物。那天天气不好，阴沉沉的，而且很冷，路上因为积雪而泥泞不堪，到处都是那些危险的车辙，一不小心就会翻车。路上去找食物的人们有些推着破自行车，有些推着婴儿车，破衣烂衫在身上裹上了一大堆。我们终于来到了坎彭的德军驻地。他偷偷带我们混进营区，来到伙房里。那天是一九四五年二月十五日，正好是我的生日。"坐吧，随便吃。"他说。

我已经饿了很久了，因为食品短缺，所以特别缺乏脂肪和蛋白质。"就算是给你庆祝生日吧。"他一边说，一边拿出各种食物放在我们面前。看着这样的大餐，我们狼吞虎咽地吃个不停。

我们原来的计划是在他那里拿到一些可以带走的食物以后，就去我一个朋友的朋友家过夜，他是一位牧师，就住在军营附近的村庄里。

我俩都无法抑制地狂吃了一通，大家都吃撑了。因为肠胃已经太久没接触这些荤菜了，所以我俩吃完都感到很难受，直想吐。我胃痛得死去活来，不能动弹，更别说走出这营区了。

那位厨师先生变得很紧张，手足无措。他可以想到的唯一办法就是把我们藏到没有人的牢房里去。他半扶半扛地将我带到牢房门口，一路上极其小心谨慎，生怕有人察觉。他说明天早上五点来接我们出去，然后就关上了牢门。

牢房里面除了一个铺草褥子，没有毯子，空无一物。我整夜都很难受，发着高烧，不断地咳嗽，浑身痉挛。我当时以为自己就要死在这儿了。

清晨五点，厨师先生来带我们出去，并把我搀扶到我的自行车那里。尽管经过了一夜的痛苦折磨，我还是没有忘记要将找来的食物带回阿姆斯特丹。想到这些，我仿佛又有了精神，将食物往衣服里面一藏，就和我的朋友骑车走了。她看上去要比我精神多了。

没骑多远，我们就在一座桥头遇到了德军的岗哨。通常经过这些地方的路人在获准通行之前，都会被截停检查证件。岗亭里的士兵往往会过来搜一搜身再看看证件，要是遇到的是女性，就只是看一下证件。

我怀里藏着的那些肉类和其他食物都快要把衣服撑爆了。我俩害怕极了，担心好不容易找到的食物要落到德国人手里。可是我们除了继续前行也不能做什么，所以干脆鼓起勇气径直朝那士兵骑了过去。

当我们骑过岗哨停下来的时候，发现里面的士兵都昏昏欲睡。他们没有来问我要证件，而是摆摆手示意我俩通行。我们简直不敢相信自己的运气。

我们骑车找到了那位牧师的太太，她见我如此虚弱，就把我让到一张床上。我再也骑不动了，她照料了我一夜。第二天醒来，我的身体也好得差不多了。我们五点钟就骑车出发回阿姆斯特丹去了。

我们回到市区，到达阿姆斯特尔河的桥头时，又一次错过了宵禁的时限。令我们大为意外的是，桥头多了一个新的检查站，还站了好些绿警察。望见那身绿色的制服，我们不禁倒吸一口冷气，不光是为了怀中的食物，更是担心我俩的人身安全。

我们再一次幸运地过关了，原来这是个武器检查站。因为德国式的严谨，所以武器检查站只针对武器，其他的违禁品，比如食物，一律不在检查的范围内。他们见我俩并没有带任何武器，就放我们通行了。

虽然我俩从来不和对方提起各自心中的恐惧，但我心里清楚得很，我这一走好几天，亨克一定担心坏了。我们每天又要面对各种风险和危机，现在的环境不冒险是生存不下去的。

隆冬时节，德国人又再次调低了食品的配额，每人每天只能领到五百卡路里的食物。电台里英国广播公司还是高调宣传着艾森豪威尔指挥的八十五个师已经直抵莱茵河边，不过这对我们这些徘徊在饥荒边缘的人来说毫无意义。现在大家关心的都是如何能够活过今天，如何不至于冻死饿死，仅此而已。

亨克的妈妈在去年十二月去世了，她很幸运可以死在医院里。要知道不是所有荷兰人都有机会去医院治病的。每天都有人饿死，有些人在路边坐着坐着就死了，有些人因为太过虚弱而死于白喉、伤寒，甚至连感冒都会死人。小区食堂的服务点陆陆续续开出来了，每天人们都要在寒风中排着长队去等那一小桶热汤，好稍微暖一暖胃。

从早到晚，都有人在废弃的露天煤矿里寻找残余的煤渣。煤矿巷道里的枕木都被人挖去烧柴了。甚至是你家院子里、墙根边的那把木梯，都有可能在一夜之间不翼而飞。空房子里的窗棂、楼梯、家具，只要是木制品都被一扫而空。

每天我们都为寻找食物而绞尽脑汁。亨克为我俩想到了一个点子。战前，他父亲许多年来都会去同一个牧场的小河里钓鱼，就在离我们大概七八里路的瓦弗芬小镇上。和其他垂钓者一样，我的公公也有属于自己常年不变的垂钓地点，所以渐渐就和那块牧场的主人混熟了。

亨克计划去和那位牧场主联络。为了达成计划，撒谎就变得不可避免了。我俩都不愿意撒谎，特别是对这位善良的农场主，他也是虔诚的基督徒。但是在非常时期，我们也别无选择。亨克上门找到了这位农场主，并对他说自己的父亲病得很严重，需要牛奶补充营养，不知我们可不可以每天来农场拿些牛奶。

　　主人招待亨克吃过一餐丰富的农家菜后，爽快地答应了我们的请求。牧场主的答复令亨克内疚不安，因为他的父亲根本就没病，农场主却答应每天都以平常的价格卖牛奶给我们。

　　所以每天清晨四点半，我俩中的一个就会轮流起来，风雨无阻地骑上一个小时去他那里买牛奶，先是亨克，然后是我。我第一次去的时候，向他做了自我介绍，他就把我给记住了。当我后来再去的时候，每次都会看到长长的人龙，大家都是从阿姆斯特丹来买牛奶的。看到这个场景，我都会自觉地排在队尾，不过他总是喊我上去："来，过来。"

　　当其他人对此颇有微词的时候，他总是会说："不要这么说，她需要快点买到奶，她家里还有位重病的老公公呢。"每次听到这话，我心里都翻江倒海，我想队伍中其他人的家里说不定真的有人卧病在床呢。

　　虽然每次我心里都很不是滋味，可我还是插队上去买了两瓶牛奶，然后再骑一个小时的自行车回城。因为怕车子被没收，所以我每次都骑得特别快，不过也很小心，免得快到引人怀疑。一路上，冷风刮面，眼睑上的冰花甚至遮住了大部分的视线。而且衣领总是不能将我的双耳在寒风中保护起来。不过那两瓶牛奶，则安然无恙地放在我车筐里的麻布袋中。

　　街上到处都是没人清理的垃圾，好在现在天寒地冻，否则一定臭气熏天。有些饥民甚至彻夜到垃圾堆里去找那些零星的食物，直到天明。

　　终于熬到了三月，又熬过了四月，可是冬天的寒意好像没有消退的意思，虽然有几天天气会暖和一点点，有时候太阳也会在云隙间露个头。冻住大地的封冰开始渐渐融化了，城市里到处都散发着恶臭，有熬煮郁金香花茎的味道、煮得稀烂的甜菜味道、阴干衣服的气味，还有人们身上的酸臭味。

　　我们所有的话题都是围绕着食物的。食物短缺这四个字已经成了我们脑海里挥之不去的烙印。我和亨克有时候会在晚上去位于莱茵街的朋友家里坐坐，因为我们自己家没有收音机，所以那位朋友答应我们如果听到战争结束的消息，会第一时间来告诉我们。如果不是去他那里听收音机，我们大多数时候都会待在家里看菜谱，并把自己喜欢的菜肴摘抄出来，等战争过去再将其付诸实践。当时人们都很喜欢读拉伯雷写的介绍饮食的书籍。

看着看着，我的念头往往都会转到朱古力上，非常怀念热朱古力浓香丝滑的感觉。想着想着，我的口水都从舌头底下冒出来了。

一九四五年四月二十二日，美国总统罗斯福去世。次日，我的出生地维也纳被苏军解放。蒙哥马利将军的部队已经渡过莱茵河，向着不来梅和汉堡挺进。各种消息不断传来，整个欧洲都是一片战火和废墟，德国人四面受敌。盟军已经对荷兰形成了大包围的态势，我们重获自由指日可待了。

就在我们数着日子等待解放的时候，又有数以百计的荷兰贫民死于饥荒。大家都虚弱到了极点，脑子里除了怎么解决下一餐饭以外，无暇顾及其他了。我们每天还是照常步行上班，每次走在路上，我和库普休斯先生都感到晕眩和阵阵作呕。亨克和我们养的猫咪贝利每天晚上都在家里等我下班，而我又何尝不是日复一日地等待与他们相见呢。不过，总是让我用两个土豆就要喂饱两个成年人和一只猫，简直令人头疼极了。

意大利的独裁者墨索里尼在逃往瑞士的途中被抓到了，并且马上被绞死了。他和他情妇的尸体被倒挂在米兰的一个加油站外，供人唾骂。到了五月一日，德国的官方广播突然打断了他们正在播放的布鲁克纳第七交响乐。先是一阵鼓乐，一个德国人的声音低沉地宣布希特勒死了，根据权力顺位，一个叫邓尼兹的人成了继任者。上帝终于听到了我那握着拳头的祈祷，我的愿望终于实现了。

不过，这还不够。

天气渐渐转暖，白天也变得越来越长了，那曾令我十分头痛的取暖问题终于得到了缓解。但是在粮食问题上，情况却日益恶化。我的头脑都变得昏昏沉沉的了，寻找每天的食物已经占用了我全部的注意力。在这种情况下，要保持公司继续运转可谓雪上加霜。我们每天都在和无处不在的倒闭潮搏斗，希望力保公司不倒。

到了五月，天气终于转好了些，天空湛蓝，一片片的绿色开始出现在遍布废墟的阿姆斯特丹街头。

那天是五月四日，星期五，我像往常一样完成了一天的工作，回到家里。贝利已经在厨房里等我了，就蹲在属于它的那个小碗旁，等我施舍一点牛奶给它。我开始做饭，那天只有几根胡萝卜和几颗小得可怜的马铃薯。做饭的燃料是木头片子，火力极弱，用它来生火感觉好像永远也烧不开水。正当我做饭做到分神的时候，一阵风吹进房里，亨克走了进来。他抓起了我的双手，看着我的眼睛说道："梅普，我有个好消息要告诉你。德国投降了，战争结束了。"

这句话令我激动得腿都软了下来。我还在想，这是真的吗？我再看了看亨克那清澈的眼睛，我相信了，这绝对是真的。他的眼睛不会骗人。

我们坐下来吃饭的时候，兴奋到已经忘掉了饥饿的感觉。面前的粗茶淡饭仿佛比任何山珍海味还要好吃。下一步会怎么样，我俩互相问着相同的问题。德国人还没有撤走，他们刚刚输掉了战争，一定愤恨不已。所以，现在还没有到可以掉以轻心的程度，要是麻痹大意还是会没命的，眼看就要笑到最后了，千万不能出事。另外，我们也很关心那些还在集中营里的朋友们，无论他们现在身在何方，最终能够获得自由吗？

又到八点了，进入宵禁时间。突然，有人大声地敲着我们家的玻璃窗。我们走过去，发现就是那个住在莱茵街上、我们常去他家里听收音机的朋友，他答应过我们，当战争结束的时候会第一时间过来通报的。
"结束了，战争结束了。"他对我们说。我们请他进屋，告诉他我们已经
知道了这个好消息。

　　"来吧，"他说，"人们都在街上庆祝呢，宵禁解除了，我们已经自
由了。"

　　街上挤满了人，人们用纸片、木头、旧衣服和任何可以点燃的东
西点起了篝火。我们来到莱茵街上，发现那里有一堆巨型的篝火正在燃
烧，年轻人正围着火光载歌载舞。老年人也走上了街头，欢笑着和大
家互相拥抱。四处都充满了令人振奋的喜悦，而德国人则连鬼影都不见
一个。

　　我们走回家去。我知道今夜将无人入睡。那时天刚刚暗下来，月夜
如此美丽。房顶上方不远处还有一群鸽子在盘旋着。这种情景让我停住
了脚步，我已经太久没有在阿姆斯特丹看见鸟儿了。多少年来，天空中
不见鸽子，运河里没有天鹅、野鸭。因为在这个城市里已经没有了它们
的食物，好在它们是来去自由的。

　　在被占领的岁月里，养鸽子曾经是违法的。现在天空中的鸽子一定
是被人偷偷地藏了这么多年。它们现在终于可以自由飞翔了。空中的鸟
儿们，就好像是人们抛洒的欢庆胜利的彩纸。

　　阿姆斯特丹的空中飞翔着一群群的鸽子，和我们一样，它们终于自
由了。

第十七章

在阿姆斯特丹郊外的史基浦机场，盟军开始进行食品空投。那些投放下来的小包裹里装着黄油、饼干、肉肠、培根、朱古力、芝士还有蛋粉。飞机从我们的头顶上低空飞过，这是盟军首次不受地面防空火力威胁的飞行。人们纷纷跑上了屋顶，摇晃着手里的旗帜甚至是床单。

那个礼拜六的上午，我在上班的路上看到街上到处都是人，好像全城的人都走了出来一样。其实，若是抛开各种消息和营造出来的节日气氛，街上还是不无危险的。德国人就目露凶光地站在欢庆的人群旁。我听说就在水坝广场，就在卡拉斯纳波尔斯基饭店对面的位置，德军士兵突然发难，向着欢庆的人群射击，死了好些人。不过没有什么能够阻挡我们欢庆胜利，篝火和歌舞仍然到处可见。

下班回到家里，我对亨克说："来吧，亨克，我们也去加入庆祝的行列吧。"一边说一边拉着他的胳膊。

他摇了摇头说："不，我想要待在这里。我不想去街上和人们一起庆祝。我们国家这五年来发生了太多的事，消失了太多人，也不知道他们回不回得来。是的，我很高兴战争终于结束了，但是我还是想一个人静静地待着。"

我将窗子上的遮光板拆了下来。透过玻璃，我终于见到了五年未见的月光。

听说德国人开始在荷兰各地集结，准备撤退了。就在一夜之间，他们消失得无影无踪。越来越多的盟军飞机飞来空投食物，一切就像是梦境里的魔法一般。我们都在等待派发空投食品的通知。

五月七日，那天我们放假。欢呼声从街上传来，原来加拿大部队就要来了。我将围裙往椅子上面一扔，就冲到外面去和邻居们一起等待我们的解放者出现。大家说他们"马上"就要来了，但是我们左等右等也没有把他们等来。

终于，在等了三个多小时以后，我们看见了四辆加拿大的小型坦克车从阿姆斯特尔河上的伯利奇大桥桥面上通过。他们在那里停了一会儿，随后就往市区的方向开进。加拿大士兵戴着贝雷帽，上身穿着浅棕色的短夹克，下身穿着行军裤。

他们的大部队五月八日才到，整整迟了一天。他们列成方阵通过市区，不过因为我俩都要上班，所以没有亲眼看到入城式。听朋友们说，那些士兵的身上脏极了，不过热情的女孩子还是向他们布满污泥的脸庞献吻。士兵们则挥着手，并向人群派发已经多年未见的香烟。

他们一路开进南阿姆斯特丹，然后行经水坝广场和皇宫。威廉明娜女皇已经回到了她深爱的祖国。就好像英国的丘吉尔首相被誉为"全英国最勇敢的人"一样，我们这位六十四岁、矮胖身材的女皇在荷兰人的心中也是这样。

庆祝活动持续了好几天。加荷两国的国歌演奏了一遍又一遍。街上到处都有音乐和舞蹈，有人不知道从哪里找来了一架风琴，一位上了年纪的风琴手随意地弹奏着乐曲。与此同时，人们在各处埋下金盏菊的种子，待它开花时，我们就又可以看到那曾被侵略者禁止的橙色了。那是我们荷兰皇室的颜色。

那些曾经东躲西藏的人们也纷纷从他们的避难所里走了出来，因长期不见阳光而使劲地揉着眼睛。他们面容消瘦且蜡黄，而且满脸都是狐疑的表情。

到处都可以听到教堂的钟声，可以看到塔楼上飘扬的彩带。

　　盟军给我们带来了事先在英国印制好的新版荷兰货币。市面上有价无市，而且商店里往往也没有可供出售的东西。

　　现在走在街上的感觉太好了，走上一整天也不需要担心突如其来的危险。荷兰一解放，我和亨克就开始在家里等待，看看都有什么人会回到我们这里。

　　德国集中营里惨绝人寰的真相渐渐被公布出来。各种照片被刊登在了解放后的第一份报纸上，旁边还附上了各种目击者的证词。虽然，我们在战时都听说过关于集中营的可怕传说，毒气室、谋杀、虐待等等，不过没有人想到那里竟然可以残暴到这般田地。血淋淋的事实已经超乎了我们原先最为悲观的想象。我不能去读这些可怕的故事，更不愿去看那些照片。只要一想到这些报导，我就心神不宁，时时刻刻都担心着我们那些被抓去集中营的朋友。所以，我必须要做些其他事情来分散注意力，保持我对他们能够回来的乐观希望。

　　很快，临时性的修复工程开始了，没有玻璃的窗子被装上了木板，桥梁、路轨都进行了抢修，好让铁路交通恢复运转。现在我们什么都缺，但是又什么都没有。

　　亨克被派往中央车站去招呼那些返回阿姆斯特丹的人们，并为他们提供金钱、代购券、住宿等帮助。他每天都在那儿的一张写字台前工作。回乡的人们先是坐着军用卡车，等路轨修复了以后就搭乘火车回到阿姆斯特丹。

　　犹太人，还有其他那些被掳去做奴工的人们，一直都等待着有朝一日可以回到自由的荷兰。现在他们终于可以回来了，不过他们形容枯槁，连年纪也很难分辨出来了。

　　那些从集中营里出来的犹太人手臂上都被刺上了蓝色的号码。因为和家人长期分离，好些孩子已经说不出他们的生日和姓名了，也认不出自己的家人。

　　其中一些犹太人回到了他们原来居住的小区，发现曾经属于自己的房子已经住进了其他人。也有些人成功地拿回了自己的公寓，因为在战争结束的时候，原来霸占他们公寓的纳粹分子闻风而逃了。陆陆续续开始有些犹太人回到我们这个小区了。纳粹集中营幸存者的名单每天都会公布出来。

在战前，犹太人和我们其他人看上去没有什么分别，但是经过了大战和集中营后，我们一眼就可以看出哪些是受过苦役的犹太人了。不过大家不会刻意去关注他们，也没有兴趣去了解他们在集中营里遭受的苦难。因为我们这里的每个人都有各种在战争中苟且偷生的经历。

日复一日，亨克都会去中央车站开设服务点。每见到一个人他都会问："你有奥托·弗兰克的消息吗？""你见过奥托·弗兰克吗？还有他的妻子伊迪丝·弗兰克，或者他们的女儿玛戈和安妮，你们见过没有？"

不过大家都摇着头告诉他"不知道"或是"没有见过"。一直都打听不到任何关于我们那些朋友的消息。

荷兰光复后不久，那天我正在公司里工作，突然间恢复了电力供应。就那么"嗒"的一声，我们的电灯就亮了起来。

后来，我听说克拉勒先生活了下来，他从集中营里逃了出来。刚刚过去的那个饥荒难挨的冬季，由他妻子照顾着，就躲在自己家里。当他回公司来上班的时候，他向我们讲述了从德国人手里成功越狱的经过：

"一开始，我们所有人都被送去了阿默斯福特集中营。那里主要是关押各类政治犯、经营黑市者、收容犹太人的基督徒等等。离开阿默斯福特之后，他们又把我押去好几个不同的集中营，最后的一个距离德国边境已经很近了。去年冬天的一个早晨，他们首先集合囚犯进行点名，然后押送营里所有的荷兰人列队步出营区。

"我对自己说，装作我掉队好了，然后我故意缓行，落到了队尾，和那些负责押送我们的厌战的德军老兵走在了一起。我决定用德语和他们聊聊，看看能不能套出我们此行的目的地来。他们说：'我们正步行

去德国，我们要把整个集中营搬去德国。'

"我心想，幸好问了问，否则等我恍然大悟的时候，就将身处纳粹德国了。到时候再要逃跑就更加不可能了。想着想着，我又故意掉队了。

"突然，皇家空军的喷火飞机出现在空中，并且向我们俯冲下来，作近地面通场搜索。卫兵们开始叫喊：'贴着地面趴下，快趴下！'那时候我们正好行经一块玉米地，我就跳进了地里。我听到机炮开火的声音，并且低空盘旋了几圈，搜索了这片区域。

"后来，当盟军的飞机飞走以后，卫兵们又开始喊我们了：'起来，排队，继续前进。'但我还是趴在原地，屏住呼吸一动不动。你说奇怪不奇怪，德国人竟然没有发现少了一个人，只管自己继续行军，将我留在玉米地里。

"我趴在地里又等了一会儿，然后就在地里往行军反方向爬行。爬了一段时间，当我感到彻底没有危险的时候，就站起来步行。走出没多远，就是一个村庄。我开始紧张了，因为我身上还穿着囚衣。

"就在快进村的地方，有一家自行车店。我想了想，还是决定冒一下险，于是走进店里。店主是荷兰人。我告诉他说自己刚刚从集中营里逃出来，'我可以要辆自行车吗？'我问道，'我想回家。'

"那个店主仔细地将我打量了一番，然后走到后面，推了一辆老旧但十分结实的自行车出来。'拿去骑回家吧，'他说着就把车推给了我，'等战争结束了你再拿回来还我。'

"我骑上车就赶回家里去了。我妻子就把我藏在家里，并且熬过了去年那个要命的冬天。这不，我一直在家里躲到现在才出来。"

解放几周以后，店铺的橱窗里终于开始有了些东西——冬季的大衣、漂亮的裙子，不过那些只是放在橱窗里摆摆样子的，其实根本没有可供售卖的货品。橱窗里都会挂个牌子——"仅供展示"。还有一些商店会用纸板做成牛奶瓶、芝士和上好的荷兰牛油包装摆在橱窗里。

我听说一些荷兰的小朋友由盟军安排去了英国疗养。这些孩子往往都是些贫病交加、亟须治疗的小病人。

就像我当年往脖子上挂个小牌子，然后从维也纳被送来荷兰寄养一样，这些小朋友现在乘船穿过北海，被送往英国去疗养。

日复一日，亨克要去中央车站当值，为回乡的荷兰难民派发各种票证。那些人往往不是妻离子散就是家破人亡。而亨克也日复一日地向不同的人问着同样的问题："你有奥托·弗兰克的消息吗？""你见过奥托·弗兰克吗？还有他的妻子伊迪丝·弗兰克，或者他们的女儿玛戈和安妮，你们见过没有？"结果总是没有答案，"我不认识"，"我没有见过，也没有听过你说的这些人"。

虽然看上去像大海捞针，不过亨克还是锲而不舍地继续向人打听着那些朋友们的下落。终于，有一个声音回答他说："先生，我见到了奥托·弗兰克，他正在回来的路上呢！"

一九四五年六月三日，亨克那天简直是飞奔回家来告诉我这个好消息的。他冲到客厅里，抓住我的双手说："梅普，奥托·弗兰克回来了，就在路上呢。"

我也高兴极了。虽然我的内心一直都有预感，他和其他人都会平安归来。

就在那时，我看见一个人影走过我们的窗前。我还来不及喘口气，就奔了出去。

果然是弗兰克先生，他正向我们家门口走过来呢。

我们面面相觑，却一时语塞了。他拎着一个小包裹，还是一如既往的瘦削。我的眼睛顿时湿润了，我的心都快融化了。那一刻，我开始害怕知道他的遭遇，害怕他告诉我他在集中营里的经历。我是绝对不会问的。

我们就这样相视无言地伫立着。后来，弗兰克先生打破了沉默。

"梅普，"他平静地说，"梅普，伊迪丝她回不来了。"

我哽咽了，并试着掩饰我对这个噩耗的反应。"进屋吧。"我对他说。

"不过我有信心，玛戈和安妮可以平安回来。"他继续说道。

"是的，我也有信心。"我努力地想要鼓励他，"来吧，进来说。"

他还是没有移动步子，站在原地说："梅普，我之所以回到这里，是因为你和亨克是我在阿姆斯特丹最亲的人了。"

我从他手里抓过了那个包裹。"来吧，你就来和我们一起住吧。先吃点东西，我们给你留好了房间，你想住多久就住多久。"

他走进屋里来。我帮他铺好了床，并且用我们所有的食材为他做了一顿不错的晚餐。我们三个坐下来一起吃饭，他在饭桌上告诉我们，他是从奥斯维辛集中营走出来的。他在那里最后一次见到了妻子和两个女儿，不久，男人和女人就被分隔关押了。当苏联人解放了奥斯维辛之后，他先是被送去遥远的敖德萨，然后从那里坐船去了马赛，再在那里换乘卡车和火车回到荷兰。

他和我们说这些的时候，语气十分平静，话也不多。不过，在我们之间，许多事不需要说出口也能够互相明白。

弗兰克先生正式搬来和我们一起住下了。很快，他就回到公司那间原本就属于他的办公室里，重新负责管理整盘生意。我知道，他每天都需要找点事情来分散自己的注意力。与此同时，他开始通过各种途径去寻找女儿们的下落，难民署、红十字会、别人口述的信息等等。

当奥斯维辛被苏联人解放的时候，他第一时间就跑去关押女囚的地方找他的妻子和两个孩子。在当时营区的一片混乱之中，他得知妻子就在解放前夕去世了。

他也听说安妮、玛戈和范丹太太很有可能都被送去了另外一个集中营。那个集中营叫作贝尔根-贝尔森，离奥斯维辛很远。这些就是他目前掌握到的信息，他准备继续查下去。

和其他那些被捕的先生们一样，弗兰克对杜赛尔的情况一无所知。自从在韦斯特博克分别以后，弗兰克就再也没有他的下落了。他亲眼看到范丹先生被送进毒气室。此外，彼得·范丹曾经来奥斯维辛集中营的医务室里见过弗兰克一面。就在解放前夕，他听说德国人在撤退的时候带走了一批囚犯，而彼得也是其中之一。

弗兰克曾经求彼得把自己弄进医务室，以避免被带走的命运，但是彼得不肯自残。他眼看着彼得随着撤退的德军走进那被大雪覆盖的森林。从此就失去了音讯。

弗兰克先生对两个女儿可以活着回来很有信心，因为贝尔根-贝尔森并不是那种死亡集中营。那里没有毒气室，没有人会被屠杀，而是一个充满饥荒和疾病的劳动营。因为玛戈和安妮相较于营里的其他人来说算是去得比较晚的，所以身体状况会比其他囚犯好一些。我也对她们的平安归来抱有信心，我心里有磐石一般的信心，相信她俩一定可以平安回到阿姆斯特丹。

弗兰克先生写了好些信出去，寄给那些他所知道的、曾经在贝尔根-贝尔森集中营待过的犹太人，向他们询问有关他两个女儿的消息。他每天除了关注最新公布的幸存者名单之外，就是等待那些狱友的回信。每次，当我们听到敲门声或者楼梯响的时候，都会一下子屏住呼吸。说不定这就是玛戈和安妮的脚步声，说不定我们可以亲眼见到她们回来呢。马上就是六月十二日了，安妮的十六岁生日就要到了。也许……她赶得上回来过生日。但是日子一天天地逼近又一天天地远去，我们却还是没有安妮的消息。

萨姆森太太也回来了。她搬回自己的房间。她的外孙女在乌得勒支的避难所里身患白喉而死，但她的外孙仍活着。萨姆森太太至今也没有收到任何关于女儿和女婿的消息，他们那天消失在中央车站。也没有任何来自英国方面的关于她丈夫的消息。她每天都处于等待各种消息的混沌状态之中。

那位菜贩从集中营里回来了，双脚已经冻僵。我看着他回到店里，然后像失散很久的朋友一样互相问候。

商店依然空空如也，我们不得不依赖食物配给。但重建和翻新仍在继续。我们公司卖的大部分是代用品，生意开始好起来了，公司得以持续运作。

一天早上，我和弗兰克先生两个人在公司拆信。他站在我身边，我坐在我的桌子前面。我依稀感觉到一封信正在被拆开的声音，然后一阵寂静。感觉似乎发生了什么，让我将目光从自己的信上移开。然后我听到奥托·弗兰克的声音，他毫无语调、崩溃地叫道："梅普。"

我双眼看着他，寻找他的目光。

"梅普，"他双手握着信纸，"我刚收到了一封来自鹿特丹的护士的信。梅普，玛戈和安妮不会回来了。"

我们就这么站在那里，这个消息像个晴天霹雳，灼烧了我们的心，我们凝视着对方。然后弗兰克先生走向他的办公室，用失落的声音说道："我到办公室去。"

我听到他穿过房间和大厅，然后把办公室的门关了起来。

我坐在我的桌子前，也深受打击。之前发生的一切，我似乎总能接受。无论喜欢与否，我不得不接受。但这一次，我无法接受。那是我深信不会发生的一幕。

我听到其他人陆续来到办公室。我听到开门声和交谈的声音。然后听到了早上的问候，以及咖啡杯的声音。我打开桌子边上的抽屉，拿出一堆等待了安妮近一年的故纸堆。没有人碰过它们，包括我。现在安妮不会再回来取这一本日记了。

我取出所有的纸张，把红橙色格子的日记本放在最上面，把所有东西拿去弗兰克先生的办公室。

弗兰克坐在他桌前，他的双眼依然模糊，带着震惊的神情。我把日记和其他纸一起给他，对他说："这是你女儿留给你的遗物。"

　　他认出了那本日记本。三年多以前是他送给她的，在她十三岁生日的那天，就在进入避难所之前。他用指尖轻轻地触碰着本子。我把所有东西都交到他的手上，然后离开了他的办公室，轻轻地关上了门。

　　不久以后，我桌上的电话响了，那是弗兰克先生的声音："梅普，请帮一下忙，请别让别人打扰我。"

　　"我已经这么做了。"我告诉他。

第十八章

当弗兰克先生搬进我们家，安顿好以后，就对我说："梅普，现在开始我们就是一家人了，你应该叫我奥托。"

我同意改口称他为奥托，不过我不想在公司里成为一个没大没小的坏榜样，所以我向他表示："在家里我叫你奥托，不过在公司的时候还是让我称呼你弗兰克先生吧。"

"多此一举了。"他说。

"不，我觉得这样比较好。"

过了不久，因为我们三个和萨姆森太太之间出现了一些小矛盾，所以大家都闹得有点不太愉快。我们觉得还是搬走比较好。亨克的妹妹芬娜，就住在这条街的另一头，而且她愿意给我们腾出一些房间来，我打算搬去她那里。

弗兰克先生睡在一间配有脸盆架的小房间里，我和亨克睡在原本属于他妹妹的房间里，而她妹妹则睡在起居室里。在住房这么紧张的时候，可以有这样的安排，我们都感到很幸运。当然，我们也带上了猫咪贝利。

街上的商店还是空空荡荡的，生活物资仍然短缺。不过经过这么多年异常拮据的生活，我都已经习惯了。在战争的最后一年，因为供货不足，亨克少抽了一些烟。不过现在在黑市上，时不时可以买到一些加拿大品牌的法国烟丝了。当有烟抽的时候，他就会抽上几口。

我努力将屋子布置得温馨一些，尽我所能地用仅有的食材为大家做饭。现在要做出一些有花样的菜式是不可能的，我只有最基本的主食和调料，毫无变化可言。不过我对付拮据的生活还是有一手的，我可以令大家起码不至于挨饿，并且有个舒适温馨的小窝。

我们大家都很虚弱，还贫血。没有人有多余的精力，不过还好，我毕竟不需要再用额外的精力去应付战争了。虽然不多说话，但是我们出生入死的共同经历把所有人都牢牢地牵在了一起。

桥梁、河堤、铁路开始渐渐得到了修复。奥托告诉我说在他们躲进阁楼之前，他将一些伊迪丝的家具转移到了朋友家，请他们代为保管。那些东西虽然经过大战，但都保存得很好，他现在就准备把它们搬进来。

搬家具的那天，我见到了那口在一九三三年从法兰克福一路搬来的座钟，那钟隔几个星期才需要上一次发条，钟摆走动的声音温柔无比。那张桃木包面的古董写字台也搬了进来。奥托对我说："要是伊迪丝知道现在是你在使用这些家具，她一定会很开心的。"

然后，弗兰克先生拿出了当年我很喜欢的那张炭笔画，就是画着哺乳的猫妈妈和那群小猫的那幅画。他将这些家具和画都送给了我。

看着这幅画，记忆仿佛将我带回到了几年前，回到那些礼拜六下午在弗兰克先生家里的聚会上。我好像又听见了那些激动的辩论，看见了丰富的糕点，还有香浓的咖啡。当然还有年幼的安妮和她漂亮的姐姐玛戈，她们正向大人们行礼呢，行完礼后就各自拿了一块糕点吃。肥猫对于那个年幼的小姑娘来说显然是太重了，安妮怀抱着猫咪都快要坠到地上了。

很快，我就将思绪拉回到了现实之中。我不想去回忆那些往事。

一天，有人给弗兰克先生送来两辆自行车，原来是他在英国的朋友送他的。"梅普，出来。"弗兰克先生叫我出去。他推着一辆崭新锃亮的英国产自行车朝我走来说："你一辆，我一辆。"我收下了。我还从来没有拥有过一辆全新的自行车呢。我们的邻居们都还没有机会添置什么新的东西，我猜他们看到我的新自行车一定嫉妒坏了。

又有一个大邮包寄来给弗兰克先生。这次是他的一个朋友从美国寄来的，邮包上还贴着庆祝胜利的传单。他的这位朋友逃去了美国，在那里躲过了大战。奥托小心翼翼地打开了邮包，将里面的东西拿出来摊在桌上，我们都睁大了眼睛，想要看看都有些什么稀罕货。

有罐头食品、美国卷烟，还有一些小包裹。弗兰克先生叫我去打开这些小袋子来看看里面都有些什么。打开第一个袋子，可可粉那香醇的气息已经迎面扑来。看到这深棕色的上好可可粉，我简直太感动了。接着我又试了试口感，细软柔滑，棒极了。

我望着这香味扑鼻的可可粉哭了。

奥托说："快去泡来喝吧。"

我还是不能自制地哭着。我不敢相信，自己竟然又可以尝到真正的可可粉了。

红十字会发布了最后一批犹太幸存者的名单。曾被遣送去德国的犹太人能活着回到荷兰的少之又少，大概只有二十分之一。那些在本国"转入地下"的犹太人大概也只有三分之一熬到了战后。而这些活下来的人们都已经一贫如洗了。

弗兰克先生家原来的那位房客，就是我们巧妙地糊弄过的那位，被抓去了集中营。不过他活了下来，并且回到了阿姆斯特丹。那位请我们帮他保管那两册《莎士比亚全集》的老人没能回来。我们还是将他那两大册书收在书架上，等着他有一天回来。住在我们老家楼上，请我们帮她照看猫咪的那位邻居也没能回来，所以我们还是带着贝利在一起生活。

渐渐地，我们东拼西凑地知道了一些朋友的下落。阿尔伯特·杜赛尔先生死于诺因加默的集中营；彼得·范丹死在位于布痕瓦尔德或者特莱西恩施塔的集中营里，就在集中营被解放的那天过世了。彼得没有死在从奥斯维辛步行去毛特豪森集中营的死亡长征路上，反而死在了集中营被解放的那一天。

从活下来的目击者口中了解到，玛戈和安妮在奥斯维辛就和她们的妈妈分开了。这位可怜的母亲在生命的最后几周内举目无亲。玛戈和安妮随即被送去贝尔根-贝尔森的集中营，刚去的时候，她们相比之下算是比较健康的孩子了。不过大概在一九四五年的元月里，她俩相继得了伤寒。到了二月，玛戈去世了，剩下孤苦伶仃的安妮。安妮撑到集中营解放前的几个礼拜，还是支撑不住，去世了。

虽然幸存者的最终名单都已经公布了，但是还有许多流离街头的人们，而且地域的界限也和战前有了变化。所以，我们还是无从知晓那些暂时还没回来的人们命运究竟如何。对于许多人来说，他们是不会放弃等下去的希望的。

卡雷尔·范德哈特战后一直都没有消息，有人说他已经去了美国。

每天晚上，当所有人都下班回到家里，吃完我做的晚饭，弗兰克先生就会坐下来，将安妮的日记一点一点地翻译成德语，寄给他住在巴塞尔的母亲看。有时候，他写一会儿就会从房里出来，拿着安妮的日记摇着头对我说："梅普，你应该听听安妮写的这一段话。我们都不会想到她一直都保持着如此丰富的想象力。"

但是当他邀请我听他朗读安妮的日记时，我总不答应。我没有办法强迫自己去听，害怕那些文字会令我更加伤感。

因为范马托那种冷酷无情的个性，库普休斯先生和弗兰克先生礼貌地请他离开了公司。他们并没有解雇他，而是劝他去其他地方寻找自己的未来。他走后，我们又请了一位仓库保管员。

一九四六年到了，阿姆斯特丹还是贫穷异常，物资紧缺。

一九四六年五月十五日，埃莉出嫁了，并离开了公司，我们又请了另外一位年轻的小姐来顶替埃莉的职位。埃莉经常梦想自己将来生好多孩子，组成一个大家庭，而她本人也正是来自这样的大家庭——她有七个兄弟姐妹。婚后不久，她就怀上了孩子，梦想开始一步步地成为现实了，她为此兴奋不已。

我已经过了三十五岁，作为女性，我的最佳生育年龄就要过去了。这场大战也全然改变了我养育孩子的梦想。我庆幸自己没有孩子，否则这孩子就要经历这场可怕的战争了。到了战后，我俩谁也没有再提起要孩子这个话题了。

而且，我也对信仰产生了根本性的怀疑，怀疑上帝的存在。当我还是个婴儿的时候，我跟着父母完成了天主教的仪式。他们带我去过几次教堂，但我一点也不喜欢那里。我当时还那么小，只有三四岁，也许是五岁，我对教堂那种空灵感和昏暗的光线感到很害怕。而且我每次去教堂，都会因为地方太大而觉得里面好冷。因为对教堂的厌恶，我祈求父母不要逼我去做礼拜。他们倒也不强迫，所以我就再也没有进过教堂。

当我来到荷兰莱顿时，我的养父母一家也从不逼我去做礼拜，所以我从小到大都不曾信过什么宗教。不过我倒也从来没有否认过上帝的存在，直到这场战争为止。战争改变了我对上帝的看法，在我的心中已经不再有神明了，心中那块属于上帝的地方只剩下一个空空的黑洞。

亨克在战前就不是什么宗教的信徒，战后也是如此。

不过我开始产生了一种追寻宗教的渴望，于是我开始阅读《圣经·旧约》，然后是《新约》。后来我的兴趣越来越浓了，开始涉猎关于各种宗教的书籍：犹太教经典、天主教的书籍、基督新教的书籍，任何我能找到的宗教书籍我都有兴趣。

我从来没有向其他人透露过我在读些什么书，我只是不停地阅读。越是好看、有趣的书，越能引起我强烈的求知渴望。那些黑暗的日子夺走了我内心的平安，现在我要把这种平安给找回来。

虽然重建工作渐渐开始展开，但是我们荷兰人的心里还是深深地埋藏着仇恨，那种对令我们经年受难的德国禽兽的仇恨。整整五年，我们过着与世隔绝的生活。我们受尽羞辱，屈膝下跪；那些善良、无辜人们的生活先被干扰，再被完全摧毁。我们实在没有办法轻易地说出"原谅"二字。

一九四六年，威廉明娜女皇号召进行第一次全国大选。荷兰纳粹党头子安东·米塞特在海牙被枪决；荷兰的纳粹总督阿图尔·赛斯·英夸特被押往纽伦堡受审，之后在那里被执行绞刑。庭上人们来回争论着在战争状态下，哪些行为是合法的，而哪些不是。此外，许多荷兰奸细和叛徒受到了应有的惩罚，迟来的正义多多少少都令我们稍感宽慰。

一九四六年十二月，我们决定再搬一次家，搬去这个街区内的另外一处公寓。因为，我们在亨克的妹妹家待得太久了，总有鸠占鹊巢的感觉。我们共同的一个朋友范卡斯佩尔先生有一套很大的公寓。而且，他的太太刚刚去世，唯一的小女儿又要去上寄宿学校，所以，他邀请我们搬去他那里住。

亨克和我问奥托是否仍然愿意和我们搬去那位朋友家同住。因为我们知道，凭着他的人脉，要找到一个更好的住处是不成问题的。我们俩当然欢迎弗兰克先生来和我们同住了。

"我还是喜欢和你们住在一起，梅普。"他解释道，"这样比较好，当我说起我的家庭时，你们也知道背景。"

事实上，弗兰克先生很少提起他的家人，不过我知道他这句话里的意思：可以在他愿意的时候聊聊他的家庭。而且，如果他不愿意说出来，就算是在沉默之中，我们之间也可以用共同的回忆、共同的哀伤来彼此交流。

就这样，弗兰克先生和我们一起在一九四七年初搬进了扬科街六十五号。那时候，亨克每天都会感到剧烈的头疼。不过没有人发出过一句怨言，他自己也很少表现出病态，并且努力表现得像没事一样。

　　每个礼拜六的晚上，我、亨克、杜赛尔太太，还有一些其他的朋友都会聚在一起打牌。弗兰克先生则从来不玩，他喜欢在礼拜天和三五好友一起喝喝咖啡。来聚会的朋友都是死里逃生的犹太人，他们总是在礼拜天下午结伴而来。大家的问题来来去去都是："你们家有谁不在了吗？"或者"你太太活下来了吗？"又或者"你的孩子们呢？你的父母呢？他们如何？"他们总是聊些过去在集中营里的事，奥斯维辛、索比堡，不过都是些关于交通和时间地点之类的信息，他们个人的遭遇则从来不会被提及。我看得出来，他们还做不到去分享那些惨痛的经历，不过对于这些人来说，真是一切尽在不言中了。

　　在某一个这样的周日聚会上，弗兰克先生偶然提到了他女儿写的日记。这时，其中一个参加聚会的人马上就问弗兰克可不可以把日记借给他看看。弗兰克先生有些犹豫，不过还是给他看了一些翻译成德文的稿子。就是他寄给他母亲的稿子，也是他一年来经常邀请我看的那些文字。

　　那个人读了这些稿子以后，又问弗兰克要日记的全文来看。因为这日记写得太好了，勾起了他读完全文的好奇心。弗兰克先生很犹豫，但还是再拿出了一些日记给那个人看。

　　那个人希望得到弗兰克先生的允许，让他把这些带给一位朋友做研究，那是一位著名的历史学家。弗兰克先生先是拒绝了，不过在那人的一再劝说下，他最终还是同意了。

　　在读了安妮的日记以后，那位历史学家给一家叫作《宣言》的报纸写了篇文章。这份报纸在战时属于地下刊物，而现在正在公开壮大。历史学家开始向弗兰克先生争取为安妮的日记付梓出版。弗兰克先生对这些想法非常抗拒，坚决不同意出版。不过最终那位历史学家和他的朋友还是说服了弗兰克。他们说，出版安妮的日记，可以让更多的人知道那段历史，而且从一个小女孩的角度出发去记录那段"转入地下"的历史，更显得弥足珍贵，这些都是弗兰克先生对社会应负的责任。

经过他们三番五次的劝说，弗兰克先生开始感到自己为了还原历史，有义务放弃一部分的隐私。最终弗兰克先生犹豫地同意了由阿姆斯特丹的联合出版公司出版经过节选和修改的安妮日记。书名定为《阁楼》。在该书出版以后，弗兰克先生还是再三请我读一读安妮的文字，不过我还是一如既往地拒绝。我无法强迫自己去读。

书名为《阁楼》，这是安妮为他们的避难所想出来的名字。这本书在某些方面大获好评，不过书中对阁楼里恶劣生活的描写则不怎么打动人，因为在这里有太多的人有过那样的经历。这五年，每一个荷兰人都不好过，绝大部分人都承受了无法估量的痛苦。经过大战，大部分人都希望将痛苦的经历抛到脑后，重拾生活。

不过，安妮的日记一再重印，也赢得了一大批读者。奥托还是不断地劝我看书："梅普，你真的应该看一看。"不过，我还是不断地拒绝他。我对这种不幸无法释怀，更无法让自己面对这些已经逝去的回忆。

亨克也和我一样，拒绝阅读安妮的文字。

虽然物资还是短缺，但是食物供应开始渐渐恢复了。壮硕的荷兰乳牛又开始出现在牧场上了。火车、电车恢复了运作。街道上的残垣败瓦也清理得差不多了。

在被德国人占领的这几年里，这里基本上只有两种荷兰人：绥靖者和抵抗者。除此之外，任何政治的、阶级的、宗教的壁垒都不复存在了。人们只有两种概念，要么是荷兰抵抗者，要么是德国侵略军。

不过在重获自由以后，这种战时的团结马上消失了，人们又回到了互有壁垒的各个阵营之中。每个人都回到了战前，他们的生活方式、他们的阶级、他们的政治倾向，大战对人在这些层面上的改变，比我想象中的小多了。

很多战时搬来阿姆斯特丹犹太人小区居住的荷兰人，战后仍然住了下来。邻里之间没有了往日的那种犹太气氛，住在附近的人们也没有什么特别的共同之处。这里已经失去了曾经独树一帜的犹太特色。而阿姆斯特丹也变了，变成了现代化的城市，而不是以前那个充满人情味的镇子了。

要伺候三个大男人——亨克、奥托和范卡斯佩尔先生，我变得越来越忙碌了。有时候范卡斯佩尔的女儿会从学校回来和我们一起过周末。所以对我来说，保持房间整洁、准时提供饭菜都很重要。而且，大家都想在家里有一个人可以听他们的使唤。

在公司，业务从来没有间断过，现在我们又可以开始贩卖真材实料的产品了。自从奥托回来了以后，阁楼里那个冷静而有威严的弗兰克消失了，他又变回了以前那个说话温柔，甚至语带羞涩的弗兰克。

不过他对于生意的热情似乎有所消减。自从安妮的日记发表以后，读者的来信就从未间断过。每一封读者的来信，弗兰克先生都会一丝不苟地回复。他在公司的办公室渐渐成了他处理该书相关事宜的地方。

一九四七年一个温暖的早晨，我最后一次骑车去公司，去那里和大家告别。我和同事们说我已经不受聘于公司了，现在开始要全职负责三个大男人的生活起居，我决定做个全职的家庭主妇。那个渴望自由和独立而出来工作的女青年已经变了，就好像整个阿姆斯特丹一样，我也和以前全然不同了。

第二次印刷的《安妮日记》已经销售一空，出版社正在筹划第三次印刷。弗兰克先生正在考虑将安妮的日记翻译成外文，在其他国家发行。他最初是反对这个意见的，但最后还是屈服于各方的压力，同意将书推向更广泛的读者群。

他一而再再而三地对我说："梅普，你真的该读一读安妮的东西。谁能知道她那短暂的一生中究竟在想些什么呢？"我一次又一次的拒绝，并没有令奥托放弃让我看书的念头，他每过一段时间总会来问我。

面对他的坚持，我最终放弃了。我说："好吧，我会看的，不过要在我独自一个人的时候再看。"

后来，终于有一天，我独自在家，记得那天天气温暖，我拿出了已经第二次印刷的《安妮日记》，走进房里，关上了门。

带着一种令人难受的恐惧，我打开了书的扉页。

我终于开始看了。

我一口气看完了整本书。从第一个字开始，安妮仿佛又回到了我的身边，对我说话。我顿时对时间没了概念。安妮的声音从纸上跃然而起，是如此鲜活、富有感情又好奇，她的性格都囊括在里面。她回来了，她在我的脑海中又活过来了。

我读完了整本书，发现原来在那阁楼里发生过这么多我不知道的事，我意外极了。很快我就意识到，幸好我在她们被抓走的那九个月里没有看过这些日记，虽然它就放在我办公桌的抽屉里。假使我看了，那我一定会将这稿子焚毁的，因为《安妮日记》的内容，会使她提到的那些人物都陷入极度的危险之中。

当我读完安妮的日记后，却没有出现我长久以来一直担心的那种痛苦，反而庆幸自己到底还是把它读完了。我心中的那个空洞终于消失了。战争令我们失去了太多太多，不过现在安妮的声音不会再消失了。我这位年轻的朋友为这个世界留下了一笔熠熠生辉的遗产。

不过，在我生命的每一天里，我都在想，事实或许不应该是这样的。我宁愿失去的是这本日记，而那些朋友们依旧安然无恙。

我没有一天不曾为这些再也无法相见的朋友们黯然神伤。

结　语

　　一九四八年，女皇威廉明娜结束了她半个世纪的统治，宣布让位给她的女儿朱丽安娜。也就在那一年，亨克中了荷兰的乐透彩，我俩得以短暂地离开荷兰，去瑞士的格林德瓦度假。弗兰克先生也与我们同行。在巴塞尔，他终于再次见到了阔别已久的老母亲。从上半年开始，随着压力的缓解，一直困扰亨克的头疼病舒缓了许多。就在我们的瑞士之行期间，这病痛全然消失了，后来也不曾复发。

　　当《安妮日记》被译成英文，并在美国及其他地方出版时，一时洛阳纸贵。紧接着，各种文字的译本陆续推出，世界各地的人都抢着读安妮的故事。有一套改编自《安妮日记》的戏剧上演了。她对日记的内容和期间的人物做了戏剧化的处理，名声大噪。首演就在阿姆斯特丹，那是一九五六年十一月二十七日，埃莉和她的丈夫、乔·库普休斯和他的太太，还有亨克和我也受邀去参加首演礼。而克拉勒先生因为在此前的一年移民去了加拿大而未能出席。对我而言，欣赏这样的戏剧，总有种奇怪的感觉。我总觉得舞台上的不是演员，而是真真实实的，我的那些朋友们。

　　后来日记又被搬上了银幕。一九五九年四月十六日，电影的首映礼就在阿姆斯特丹市立剧院举行，我们这班人又再次被请去观礼。当天，朱丽安娜女皇带着女王储贝娅特丽克丝公主现身剧院，库普休斯太太、埃莉和我被引见给女皇陛下。据我所知，弗兰克先生既不曾去看戏剧，也没有看过这部电影。他不愿意去看这些东西。

战后，弗兰克先生就不再担任公司的董事长了。因为，到处都在关注《安妮日记》，弗兰克先生渐渐地将他的时间全部投入到处理《安妮日记》的事情上了。后来，我们公司搬入新址，他也和公司没有任何生意上的联系了。而库普休斯先生仍然留在公司担任董事，直到他一九五九年去世为止。克拉勒先生一九八一年病逝于加拿大。公司的埃莉结了婚，有了孩子，就放下了她年轻时从事的工作，对于那段岁月的记忆也日渐模糊，她专心相夫教子，直到一九八三年去世为止。

在弗兰克先生彻底离开商界之后，他将全部精力都投入到了安妮的日记上。安妮·弗兰克变成了一个全球知名的人物。就在弗兰克先生以及所有和安妮相关的人物的曝光率越来越高的时候，我和亨克选择了渐渐淡出原来的角色。相较于公众的关注，我俩更享受彼此不被打扰的私人空间。

一九四九年，那是对我来说极为重要的一年，当年四十岁的我有了身孕，一九五〇年七月十三日，我们的儿子保罗出世了。从此，在我们的小家庭里，除了弗兰克先生、卡斯佩尔先生、亨克和我，又多了一个小保罗。

当我在医院生保罗的时候，以前的那位房东萨姆森太太来看我，我们得知，她的丈夫终于从英国回来了。

从一九五〇年开始，阿姆斯特丹的一切渐渐恢复正常了。虽然食物不再是问题，但我还是不会轻易将厨余扔掉。就算是已经变质了的马铃薯，或者是发黑的面包，我总会想些办法使它们物尽其用。譬如我会将面包烤干了喂鸟。那时，沿着阿姆斯特丹市内的运河散步，时不时会有德国人带着身边的女子故地重游，或许他会说："你看，这就是我在战时待过的地方。"

一九五二年秋天，在和我们共同生活了七年以后，弗兰克先生为了照顾母亲移民去了瑞士。一九五三年十一月，弗兰克先生回到阿姆斯特丹与他的第二任妻子完婚，并将新娘一起带回了巴塞尔。第二任太太和他有着相似的经历，也被送去过奥斯维辛，在那里，除了一个女儿以外，她失去了其他所有家人。弗兰克先生娶到了一位好太太，他们有很多共同语言，两人相濡以沫，直到弗兰克先生一九八〇年去世为止。每年的七月十六号，弗兰克先生都会从瑞士打电话来祝贺我和亨克的结婚纪念日，这么多年来从未间断。

虽然没有一天不回忆起那些战时的岁月，但其中有两个特别的日子对我们来说总是尤为艰难。每年的五月四日是荷兰官方的二战死难纪念日。好些人会在那天去教堂，包括女王陛下；也有一些人会去曾经处决、掩埋过荷兰抵抗军的刑场、坟场献花。在水坝广场会有祭奠仪式，女王和她的丈夫会亲临现场，并在国家博物馆前敬献花环。晚上八点整，所有的街灯都会被点亮，火车、电车、汽车、自行车都会在那一刻停下来，人们则在一旁肃立默哀。大多数人都会在路灯亮起的时候涌向街头，这时哀乐响起，然后是荷兰国歌，所有的旗帜在那一天都被降了半旗，参加活动的人安静极了。但那天我俩从不出门。

对我们来说，另外一个可怕的日子是八月四日，就是抓捕安妮的日子。每年的那一天，亨克和我也会整天待在家里。我们都会装作若无其事，但是大家一整天也不愿去瞟一眼时钟。我总是会和亨克在窗前坐上一整天，就这样靠着他凭窗而坐。当我们意识到快到五点的时候，那天才算过去，我们才会有一丝的解脱感。

从一九四八年开始，荷兰警方开始针对出卖弗兰克一家的叛徒进行调查。根据警方的记录，告密者确有其人。不过在白纸黑字的档案里，没有任何关于告密者嫌疑人姓名的记录，只知道那个告密者收到了每个犹太人七块半荷兰盾的赏金，总共六十荷兰盾。大家都很清楚，我们的朋友一定是被人出卖了。有人开始猜测那个告密者究竟会是谁，不过我和亨克对内情一无所知。弗兰克先生本来倒可以为此做些什么，可是他选择了沉默。

另外一次大规模的告密者调查是在一九六三年，因为那个时候《安妮日记》已经享誉国际了。有越来越大的呼声认为应该要严惩那个出卖我们那些无辜朋友们的告密者。

一天，我接到了一个来自警方的电话，他们在电话里说，想要针对一九四四年八月四日的那场抓捕对我进行些访问。警察在电话里对我说："吉斯太太，因为您的出生地在维也纳，所以您也是我们的怀疑对象之一。"我听后感觉坏透了。

"尽管来，你们喜欢什么时候来就什么时候来。"我说。

那位警察来到我们的寓所，亨克和我一起见了他。还记得那天的天气很冷，所以我们在厅里点起了壁炉。当炉火渐渐地微弱下去时，亨克起身走出去添些煤炭。

就在他起身离开之际，那位警察靠近我说道："我们不想破坏您的婚姻，吉斯太太，所以请您明天九点整来警察局一趟，一个人来就好。"

他接着说："范马托先生在和我们的谈话中透露，您和一位供职盖世太保的高官有一种……怎么说呢……一种'亲密'的……或者是'十分友好'的关系。与此同时，您和库普休斯先生也有这种'友好的'关系。"我想我当时看着这警察的表情一定怪异透了。

我相信当时我的脸肯定涨得通红。我可以感觉到自己的血压在不断上升。我对他说："我是不会对这样的指控做出回应的。当我丈夫回来的时候，请您把刚刚这番话原封不动地对他重复一遍。"

看得出来，警察先生对我的反应显然有些不快。我们就在这样的气氛下面对面地坐在房间里。亨克取好了煤块，往壁炉里添了火，然后坐了下来。警察对他说道："在我们对范马托先生的访问中，他透露说您的太太和一位当地的盖世太保高官有着'十分友好'的关系，同时她也和库普休斯先生保持着同样的关系。您对此有什么说法呢？"

亨克听后，转过身来，面对着我说："我真是佩服你，梅普。我怎么也想不到你可以在什么时间去发展所谓的'十分友好'的关系。早晨我们一起去上班，中午我们一起在你们公司吃饭。而每天晚上呢，我们也必然都是在一起的……"

警察先生打断了亨克的话："好了，好了，足够了。"

他接下来问我们是否觉得弗里茨·范马托是那个告密者。

我清楚地告诉他："我有足够的理由相信不是他。"

他又接着问有没有其他人怀疑过范马托，因为在安妮的日记里，范马托是那些人中最不值得信任的。

我再次告诉他我不认为范马托会是告密者。

过了几个星期以后，还是那位警察来找我说："我将去维也纳见西伯鲍尔先生，当年的绿警察长官。我要去问问他是否知道谁是告密者。也会问问他，为什么在将其他人送进集中营的同时，却单单把你给放了。"

"很好，"我说，"当你回来的时候，如果可以，把他的回答转述给我，那就再好不过了。"

他从维也纳回来了以后，又再次过来找我。他告诉我，他问过了西伯鲍尔先生当年为何单单将我放走，西伯鲍尔的回答是："她是一个好女孩。"而对于谁是告密者，西伯鲍尔则说："我记不得了。那些年里有太多告密者了。"

西伯鲍尔先生在维也纳还是做警察。因为他曾经是纳粹活跃分子，所以一开始先被停了一年职。此后，他继续为维也纳警察局服务。

那个警察还告诉我们说，他和范马托先生又谈了一次，并告诉他说虽然他向警方举报梅普，但梅普还是坚持认为他不是那个告密者。尽管还没有确凿的证据，但他仍然是嫌疑最大的人。

警察问我为什么坚持认为他不是告密者，我就将其背后的原因一五一十地说了出来。之所以我们这么肯定，是因为在战时，我们公司的业务代表曾经向我透露，范马托把他自己的儿子藏匿在家里。无论在战时还是战后，我都为他保守了这个秘密。就因为这样，哪怕他的个性再不讨好，我、亨克，还有弗兰克先生都认为他并非那个告密者。

弗兰克先生甚至并不希望知道任何关于那个告密者的线索。他总是说："我不想去了解这一切是谁做的。"虽然有一些人仍然怀疑范马托先生，但也有人认为告密者很可能是住在花园附近的荷兰国家社会主义分子。因为他们也许留意到了在那些肮脏的白窗帘后面似乎有人走动的痕迹。又或许，就像安妮所担心的那样，可能是其中一个闯进过公司的小偷，最终成了告密者。在这些年里，无论是上述种种猜测，还是那些近乎荒诞的臆想，我们还从来没有得到过任何确凿的证据。我敢肯定，一旦警方掌握了确凿的证据，他们一定会进行抓捕的。

还是那个上门来找过我们的荷兰警察，后来他告诉我，他针对我的嫌疑曾经去瑞士见过弗兰克先生，并向他提及此事。弗兰克先生清楚地告诉他说："如果你们怀疑梅普，那就把我也当成嫌疑人好了。"

致　谢

感谢我们的精神支柱詹·吉斯。感谢彼得·范丹的帮助。感谢雅各布·德·弗里斯的照相技术和雅各布·普雷瑟的相关资料。感谢詹·威格尔让我们使用照片。感谢玛丽安·T. 布雷顿的指导。感谢安妮基金会允许我们使用这些图片和资料。感谢道布尔迪有限公司允许我们重印一九五二年版的《安妮日记》。感谢梅雷迪斯·伯恩斯坦的出色代理。感谢鲍伯·本德的专业编辑和莎伦·H. 史密斯的特别帮助。感谢莉莉·麦克的灵感——尽管她的早年岁月被纳粹毁了，但她随处发现美的能力却一点都没有消失。